SUPERDICAS
DE
ORTOGRAFIA

CONFORME O **VOLP**
(VOCABULÁRIO ORTOGRÁFICO
DA LÍNGUA PORTUGUESA)

DAD SQUARISI

SUPER**DICAS**
DE
ORTOGRAFIA

CONFORME O **VOLP**
(VOCABULÁRIO ORTOGRÁFICO
DA LÍNGUA PORTUGUESA)

Benvirá

Copyright © Dad Squarisi, 2018

Coordenador da série Superdicas Reinaldo Polito
Coordenadora de produção editorial Luiza Thebas
Revisão Beatriz Simões
Projeto gráfico Deborah Mattos
Diagramação e capa Caio Cardoso
Impressão e acabamento Edições Loyola

Dados Internacionais de Catalogação na Publicação (CIP)
Angélica Ilacqua CRB-8/7057

Squarisi, Dad
    Superdicas de ortografia / Dad Squarisi. – 2. ed. – São Paulo : Benvirá, 2018.
    136 p. (Superdicas)

Bibliografia
ISBN 978-85-5717-214-2

1. Língua portuguesa – Gramática 2. Língua portuguesa – Acentos e acentuação 3. Pontuação I. Título II. Série

18-0142
CDD 469.507
CDU 811.134.3:37

Índices para catálogo sistemático:
1. Língua portuguesa – Gramática

2ª edição, abril de 2018

Nenhuma parte desta publicação poderá ser reproduzida por qualquer meio ou forma sem a prévia autorização da Saraiva Educação. A violação dos direitos autorais é crime estabelecido na lei nº 9.610/98 e punido pelo artigo 184 do Código Penal.

Todos os direitos reservados à Benvirá, um selo da Saraiva Educação, parte do grupo Somos Educação.
Av. das Nações Unidas, 7221, 1º Andar, Setor B
Pinheiros – São Paulo – SP – CEP: 05425-902

 | 0800-0117875
De 2ª a 6ª, das 8h às 18h
www.editorasaraiva.com.br/contato

EDITAR 4277   CL 670770   CAE 626772

Da supervó pros supernetos
Rafael e João Marcelo

SUMÁRIO

Apresentação, 10

1. Escrever certo pega bem, 13

2. Ortografia é fixação, 15

3. Palavras têm mais de uma cara, 17

4. Pronúncias iguais dão recados diferentes, 19

5. O alfabeto tem manhas, 21

6. Vogais usam máscaras, 23

7. Consoantes adoram disfarces, 25

8. Nas palavras, há letras mudas, 27

9. Nos verbos, S ou Z depende do infinitivo, 29

10. Z e S têm a ver com a origem da palavra, 31

11. O sufixo -isar não existe, 34

12. Acento é sinal de rebeldia, 36

13. Oxítonas e paroxítonas são inimigas eternas, 38

14. Vamos cortá-lo, depois reparti-lo, 40

15. Olho no plural de tem, vem & familiares, 42

16. Descubra o quê dos quês, 44

17. Saiba o porquê dos porquês, 46

18. O til nem sempre é marca do forte, 48

19. A reforma mudou a cara das palavras, 50

20. A reforma cassou acentos só das paroxítonas, 52

21. Feiura perde o acento que Piauí mantém, 54

22. Nota fúnebre, 56

23. Hífen é castigo de Deus, 58

24. O H prova que antiguidade é posto, 60

25. Os iguais se rejeitam, 62

26. Os diferentes se atraem, 64

27. Prefixos chega pra lá, 66

28. O que era deixou de ser, 68

29. Não agressão a não governamental, 70

30. Sem-terra, mas com elo, 72

31. Pé de moleque, o amor e a língua, 74

32. Nem tudo mudou no reino dos hifens, 76

33. *Pan* e *circum* entraram na roda, 78

34. Guarde o porta-retratos e salte de paraquedas, 80

35. Acima do bem e do mal, 82

36. Burro em pele de leão, 84

37. Latim, para que te quero?, 86

38. Hífen ganha função nova, 88

39. Mal ou mau, eis a questão, 90

40. Os afins nem sempre estão a fim, 92

41. Viajem e façam boa viagem, 94

42. Demais não é de mais, 96

43. Cerca é flexível como cintura de político, 98

44. *Ao encontro* se opõe a *de encontro*, 100

45. *Em vez de* pode ser *ao invés de*, 102

46. Mantenha o moral alto, 104

47. Milhão é machinho e não abre, 106

48. Para não perder um grande amor, 108

49. Não ponha calda na cauda do piano, 110

50. Taxar pode ser tachar, 112

51. Focinho de porco não é tomada, 114

52. As maiúsculas pedem passagem, 116

53. Nomes próprios viram comuns, 118

54. Conheça a família rapidinha, 120

55. Ponha as siglas nos trilhos, 122

56. Na língua há penetras, 124

57. Estrangeiro fica no meio do caminho, 126

58. Seja seriíssimo, por favor, 128

59. Eta pluraizinhos sofisticados, 130

60. Somos poliglotas na nossa língua, 132

Referências bibliográficas, 134

APRESENTAÇÃO

A forma de escrever as palavras é fonte de controvérsias. Alguns acreditam que a norma ortográfica é imposição inútil, que cada um deveria escrever como fala. Mas a ortografia funciona como um instrumento, um acordo, um pacto, uma convenção social que permite consolidar na escrita as diferentes formas da língua oral. Escrevendo de modo unificado, podemos nos comunicar com mais eficiência.

Recentemente, no Brasil, muitos professores, em nome de uma pedagogia mais moderna, voltada para a formação de leitores e de produtores de texto, têm negligenciado o ensino da ortografia, como se fosse questão menor. Porém, não se pode negar que o erro de grafia das palavras é fonte de descrédito, discriminação, estigmatização e que pode levar a julgamento radicalmente negativo sobre o domínio da língua do indivíduo que comete equívocos. Palavras escritas de forma errada em um texto contaminam as informações e levam à dúvida sobre sua confiabilidade.

Incorporar as convenções da norma ortográfica é um longo processo, que tem desdobramentos durante toda a vida. Sempre que aprendemos uma palavra nova – e aprendemos continuamente –, temos de conhecer sua forma convencional de escrita. Este livro vem ajudar nesse processo, oferecendo ao leitor informações indispensáveis para a compreensão e fixação da ortografia.

Dad Squarisi conhece profundamente a língua portuguesa. No seu dia a dia profissional, vive imersa nas reflexões sobre o seu funcionamento e envolvida em intensa prática de escrever. Editora de Opinião do *Correio Braziliense*, autora de livros, editoriais, artigos e colunas (é amplamente conhecida no país sua coluna *Dicas de Português*), Dad tem estilo saboroso e bem-humorado, que nos leva a aprender com muito prazer, de forma divertida, sem esforço nem sofrimento. É o caso deste *Superdicas de ortografia*.

Lucília Garcez
Doutora em Linguística Aplicada e escritora,
foi professora da Universidade de Brasília (UnB)

1 ESCREVER CERTO PEGA BEM

Sabia que a ortografia é dispensável para a comunicação? Mesmo que leia "caza", "caxorro" ou "coraçao", o leitor entende o recado. Prova disso é a língua usada nos *chats* da internet. Lá, *porque* vira *pq*; *você*, *vc*; *beijo*, *bj*; *obrigado*, *obg*. Muitos não gostam do que leem, mas captam a mensagem. A razão?

De aorcdo com peqsiusa de uma uinrvesriddae ignlsea, não ipomtra em qaul odrem as lteras de uma plravaa etãso, a úncia csioa iprotmatne é que a piremria e útmlia lteras etejasm no lgaur crteo. O rseto pdoe ser uma bçguana ttaol, que vcoê anida pdoe ler sem pobrlmea. Itso é poqrue nós não lmeos cdaa ltera isladoa, mas a plravaa cmoo um tdoo.

Por que, então, preocupar-se com acentos, esses e zês? Porque é convenção. Para viver em sociedade, firmamos pactos. Combinamos andar vestidos em público. Combinamos não arrotar à mesa. Combinamos não cuspir no chão. Combinamos, também, escrever como manda o dicionário. Com base em critérios etimológicos ou fonéticos, ele nos ensina que hospital se escreve com H; pesquisa, com S; exceção, com Ç. O motivo: como todas as línguas de cultura, o português tem sua grafia oficial. É a ensinada na escola e cobrada nos concursos e no vestibular. Escrever certo pega bem. Como chegar lá? Os mistérios se desvendam aos poucos. À medida que entramos em contato com a escrita, cresce nossa intimidade com vogais, consoantes, cedilhas & cia. ilustre. A criança em fase de alfabetização tropeça em letras e acentos. É natural. Com o tempo, passa a dominar o assunto. Por isso, quanto maior o grau de escolaridade, menor a tolerância ao erro. Seria aceitável se um aluno do 3° ano escrevesse "atrazo", em vez de atraso. Porém, o mesmo erro no texto do jornalista depõe contra o profissional.

Quem anda nu na rua é preso. Quem arrota à mesa acaba a refeição sozinho. Quem cospe no chão é tachado de mal-educado. Quem pisa a ortografia se mostra pessoa sem familiaridade com a escrita. Perde vaga na universidade. Perde promoção no trabalho. Perde pontos no concurso. Ninguém merece!

2 ORTOGRAFIA É FIXAÇÃO

Com X ou CH? S ou Z? As dúvidas são muitas. As respostas, escassas. Há poucas regras de ortografia. A escrita correta é mais fruto de fixação da forma que da memorização de regras. Não escrevemos homem com H por conhecermos a etimologia da palavra ou por termos estudado alguma norma especial, mas porque sempre a vemos grafada dessa maneira.

Por isso, quem lê com regularidade costuma escrever os vocábulos do jeitinho que o dicionário manda. Na dúvida, o pai de todos nós ajuda. Bem-vindo, Aurélio. Bem-vindo, Houaiss. Bem-vindo, Michaelis. Às vezes, porém, bate a dúvida e não há socorro por perto. O que fazer? O jeito é rezar para que as poucas normas existentes quebrem o galho.

Uma, pra lá de produtiva, vale ouro. Trata-se da todo-poderosa família. "Tal pai, tal filho", prega ela. Em bom português: as palavras derivadas seguem a primitiva, ou seja, elas mantêm a grafia original sem tossir nem mugir:

casa	casinha, casebre, casarão, caseiro, casamento, acasalar
cruz	cruzar, cruzinha, cruzada, cruzeiro
exame	examinho, examinador, examina, examinado
gás	gasolina, gasoduto, gasoso, gaseificado
trás	atrás, traseiro, atraso, atrasar, atrasado

As palavras, como as pessoas, não são santas. Entre elas, existem as traidoras. Tórax originou torácico. Fêmur, femoral. Discrição, discreto. Extensão, estender. Existem, também, as que pulam o muro. Formam, então, duas famílias. Uma erudita, vinda lá do latim. Outra popular, nascida depois que a língua-mãe se transformou em português. Sobram exemplos de useiros e vezeiros da duplicidade.

Num caso e noutro, a família canta de galo. Se o nobre faz filhos, a criança terá sangue azul. Se o plebeu gerar meninos e meninas, a moçada não negará a raça. Sangue vermelho vai correr em suas veias. Veja o exemplo do clã adocicado: doce, docinho, docemente, adocicar, adocicado, dócil, docilidade são gente como a gente; mas dulcificar, dulcificação, dulcificante, dulcífico, dulcíssimo exibem cetros e coroas.

3 PALAVRAS TÊM MAIS DE UMA CARA

Jano é um deus pra lá de poderoso. Mais poderoso que Super-Homem, Batman, Fantasma, He-Man e Power Ragers juntos. Tão poderoso que se tornou dono do tempo. Vê tudo o que passou. E tudo o que vai passar. Como? Ele tem duas caras. Uma olha pra trás. Vê o passado. A outra olha pra frente. Enxerga o futuro. Quando termina o ano, com uma cara, ele mira dezembro. Despede-se. Fecha a porta do ano velho. Com a outra, observa as mil e uma possibilidades do porvir. Abre a porta. Entra. E deseja feliz ano-novo para todos.

Na língua, como no Olimpo, há seres com duas faces. Generosos, eles deixam à escolha do freguês. Uma e outra estão corretas. Questão de gosto. Ou de conveniência. Há duplicidade na concordância, na regência, na pronúncia, na colocação dos termos no período. A grafia não fica atrás.

Quatorze ou catorze? Tanto faz. Porcentagem ou percentagem? As duas. Ouro ou oiro, louro ou loiro? Você escolhe. Cota ou quota? Ambas. Camionete ou caminhonete? A que você preferir. Diabete ou diabetes? Não faz diferença. Caminhante ou caminheiro? Um e outro põem o pé na estrada. Algumas palavras chegam ao exagero. Têm três faces. É o caso de enfarte, enfarto ou infarto. Ninguém pode com elas. Outras enganam! Fingem ter duas grafias, mas não têm. Vale o exemplo de cinquenta. Desavisados pra lá de confiantes escrevem "cincoenta". Bobeiam. A trissílaba, morta de rir, sai por aí cantando: "Enganei o bobo na casca do ovo". Cruz-credo! Quer mais? A carta de jogar se chama *curinga* (não "coringa"). O lugar onde se bebem umas e outras, *boteco* (não vale "buteco"). A fruta pretinha e doce, *jabuticaba* ("jaboticaba" dá indigestão). O roedor esperto, *camundongo* (não "camondongo"). Da tábua vem *tabuada*. Nada de "taboada", por favor.

4 PRONÚNCIAS IGUAIS DÃO RECADOS DIFERENTES

Cessão, sessão e *seção* jogam no time dos homófonos, isto é, têm a mesma pronúncia, mas grafia e sentido diferentes. É o caso de:

acento (icto da voz)	assento (banco)
ascender (subir)	acender (atear fogo)
cela (quartinho)	sela (arreio de cavalo)
cerrar (fechar)	serrar (cortar com serra)
cheque (ordem de pagamento)	xeque (lance de xadrez)
conserto (remendo)	concerto (harmonia)
coser (costurar)	cozer (cozinhar)
senso (juízo)	censo (recenseamento)

Mais? Pois não:

acerto (ato de acertar)	asserto (afirmação)
caçar (perseguir)	cassar (privar de direitos)

cesta (caixa de vime)	sexta (número ordinal)
concelho (espécie de reunião)	conselho (opinião)
incipiente (principiante)	insipiente (ignorante)
laço (laçada)	lasso (cansado)
paço (palácio)	passo (ato de andar)
tenção (propósito)	tensão (expansão)
vês (verbo "ver")	vez (ocasião)

Ufa! Voltemos ao trio inicial, causador de desentendimentos, dores de cabeça e não poucos vexames. *Cessão* é o substantivo derivado do verbo *ceder*. Ambos, veja, começam pela mesma letra. O cartório registra a cessão dos bens. Conseguir a cessão de direitos é assunto complicado. O caso acabou na Justiça. Trata-se de cessão de propriedades encaminhada de forma pouco honesta.

Seção é a parte de um todo, quer dizer "divisão". No supermercado, há a seção de frutas, a seção de material de limpeza, a seção de laticínios, a seção de bebidas. Na farmácia, a seção de remédios e a seção de cosméticos. Na loja, a seção de roupas infantis, a seção de roupas femininas, a seção de roupas masculinas.

Sessão é o todo. Dá nome ao tempo que dura uma reunião, um espetáculo ou um trabalho: sessão de cinema, sessão do Congresso, sessão de terapia, sessão da tarde, sessão comédia, sessão de pancadas.

Superdica: o todo é maior que a parte. Por isso *sessão* tem seis letras. *Seção*, cinco.

5   O ALFABETO TEM MANHAS

A palavra alfabeto nasceu na terra de Platão e Aristóteles. Formaram-na dois vocábulos da mesma origem. Um: alfa, a primeira letra do alfabeto grego. O outro: beta, a segunda letra. Abecedário é o sinônimo latino. Vem de a, b, c.

Os gregos batizaram o alfabeto, mas não o criaram. Tampouco os fenícios, que o espalharam e ficaram com a fama de genitores. Os pais do sistema foram os egípcios. Antes da novidade, a ideia era representada por símbolos. O povo dos faraós lançava mão dos hieróglifos. Os babilônios, da escrita cuneiforme. Ainda hoje chineses não têm letras, mas ideogramas.

Nós, que as temos, precisamos tratá-las com reverência. As 26 que formam o alfabeto português jogam no time masculino. Podem ter duas faces – maiúscula ou minúscula. Cinco delas são vogais. Vinte e uma, consoantes. Escrevê-las e pronunciá-las como mandam os mestres pega tão bem quanto usar cinto de segurança e dar bom-dia ao entrar no elevador.

Eis a forma: á, bê, cê, dê, é, efe, gê ou guê, agá, i, jota, capa ou cá, ele, eme, ene, ó, pê, quê, erre, esse, tê, u, vê, dáblio, xis, ípsilon, zê. Generosas, no plural elas admitem duas formas. Em uma, acrescenta-se o S (os ás, os bês, os cês). Noutra, dobram-se as criaturas (os aa, os bb, os cc, os ii).

Às vezes, as letras aparecem casadas ou com acessórios. Olho vivo e língua afiada ao nomeá-las: ç (cê cedilhado); rr (dois erres ou erre duplo); ss (dois esses ou esse duplo); ch (cê-agá); lh (ele-agá); nh (ene-agá); gu (gê-u ou guê-u); qu (quê-u). Olho vivo também na grafia de ilustres palavras que frequentam o dia a dia de alunos e professores. Uma delas: á-bê-cê. Outra: abecedê. A última, mas não menos importante: bê-á-bá. O plural do trio curva-se à regra geral: á-bê-cês, abecedês, bê-á-bás.

Superdica: as vogais E e O, quando citadas isoladamente, têm o som aberto: *O segundo ó de vovô usa chapéu. Discreto se escreve com é.*

6 VOGAIS USAM MÁSCARAS

No carnaval, máscaras fazem a festa. Invadem as ruas e exibem caras famosas ou sonhadas. Mulheres viram homens. Homens, mulheres. Meninos ganham os poderes do Super-Homem, a destreza do Homem-Aranha ou a graça do Mickey. Meninas, a força da Pucca, a capacidade das Superpoderosas ou os malabarismos da Hannah Montana. Gente comum se transforma em celebridade. Anônimos invisíveis se tornam foco de mil olhares.

Mas o ato de travestir-se não constitui privilégio humano: as máscaras também fazem parte do mundo das letras. As 26 criaturas do alfabeto não são 26. Graças aos disfarces, viram multidão. Ora aparecem manuscritas. Ora impressas. Ora cursivas. Ora maiúsculas. Ora minúsculas. Ora com acento. Ora livres e soltas. Ora representam um fonema (som). Ora outro ou outros. É o caso do X. Às vezes, o danado soa CH (*xadrez*); outras, Z (*exame*); outras, ainda, C (*excelente*) ou KS (*táxi*). Em suma: as letras têm o dom da multiplicação.

O português tem cinco vogais (A, E, I, O, U). Mas, com os recursos da camuflagem, a meia dezena vira uma dúzia. O A, por exemplo, soa oral (casa), soa nasal (irmã), soa aberto (sofá), soa reduzido (folha). O E não fica atrás. Ora se escuta oral (belo), ora nasal (bem), ora aberto (café), ora fechado (você), ora reduzido (bate). A versatilidade do quinteto enriquece a língua. O português é foneticamente muito mais rico que o espanhol. O idioma de Cervantes também tem cinco vogais. Mas, avessas a disfarces, as duronas soam cinco. Resultado: nós entendemos melhor o espanhol do que eles o português. Hispanofalantes não conseguem distinguir vovó de vovô. Sem ter sons abertos, eles só assimilam os fonemas fechados. Para nossos vizinhos, vovô e vovó são vovô. Entenda quem quiser. Ou puder.

7 CONSOANTES ADORAM DISFARCES

As consoantes são loucas por disfarces. De certa forma, elas retomam os tempos das saturnais romanas, festas que celebravam a volta da primavera. A estação simboliza o renascer da natureza depois do rigor do inverno. Era um período alegre. Os servidores públicos entravam em recesso. Os tribunais fechavam as portas. Nenhum criminoso podia ser punido. Libertavam-se os escravos para assistir aos festejos. As famílias ofereciam banquetes.

Durante as celebrações, invertiam-se posições sociais. Os escravos davam ordens aos senhores. Os senhores lhes serviam iguarias à mesa. Todos se mascaravam para ficar mais à vontade. Há quem diga que as máscaras nasceram aí. Verdade ou fantasia, uma coisa é certa: as consoantes adoraram a indumentária. Usam-na às claras.

Consoantes têm várias leis. Uma delas: quanto mais confusão, melhor. Para obedecer à determinação, nada mais adequado que usar e abusar das máscaras. Com elas, uma letra multiplica os sons.

E, claro, dá nó nos miolos dos pobres mortais. Veja o exemplo do X: essa letra danadinha adora trocar os disfarces. Em certas palavras, pronuncia-se CH (*enxoval*). Em outras, Z (*exame*). Em outras, ainda, S (*excelência*). Chega? Não. Há os casos em que a gloriosa soa KS (*táxi*). Ufa! Outra ilustre senhora tem fascínio por fantasias, máscaras e badulaques. Quem é? É a letra C. Seguida de A, O e U, soa K (*casa, coisa, cuia*). Seguida de E e I, pronuncia-se cê (*cedo, cidade*). Partidário do S, o C teima em soar cê quando seguido de A, O, U. Recorre, então, à marca que faz do Brasil o Brasil. Dá um "jeitinho". Calça um sapato e ganha a parada (*calçado, aço, açude*).

O S, então, abusa. No começo da palavra, soa cê (*sala*). Entre duas vogais, Z (*pesquisa*). É aí que a porca torce o rabo. Caprichoso, o versátil quer manter a originalidade entre duas vogais. Impossível? Ele dá um jeito. Apresenta-se em dose dupla (*massa*). Mantém a originalidade também quando aparece entre vogal e consoante (*cansar*). Ops! Em *trânsito*, ele se exibe entre N e I. Mas soa Z. Quem entende?

8 NAS PALAVRAS, HÁ LETRAS MUDAS

Quaresma? São os quarenta dias que vão da quarta-feira de cinzas até a sexta-feira da paixão. Para católicos e ortodoxos, o período destina-se a penitências. A pessoa faz jejum, priva-se de carne e renuncia a prazeres. No primeiro dia da provação, os fiéis vão à igreja. Lá, recebem cinza sobre a cabeça. O padre, então, lhes diz: "Lembra-te, homem, que és pó e ao pó retornarás". Lembra-te também: quaresma se escreve com a inicial minúscula.

As letras têm a própria quaresma. Como os religiosos, submetem-se a sacrifícios. As ortodoxas chegam ao extremo. Emudecem. São escritas, mas não pronunciadas. Chamam-se **dígrafos**. O nome diz tudo. São duas letras, mas um som apenas. A palavra *velha*, por exemplo, tem cinco letras. Mas quatro fonemas. O LH tem companheiros: CH (*chefe*); NH (*tamanho*); SC (*consciente*); SÇ (*nasça*); XC (*exceto*); RR (*acarretar*); SS (*processo*); QU (*fraqueza*); GU (*alguém*).

Na língua, como na vida, há os dissidentes. "Xô, fundamentalismo", dizem eles. "Nós queremos falar."

Resultado: nem sempre QU, GU, SC, XC formam dígrafos. O grupo, então, se dissolve. Antes da reforma ortográfica, as rebeldes QU e GU eram indicadas pelo trema. Os dois pontinhos davam um recado: ali estava uma heterodoxa. O trema servia para avisar que o U deveria ser pronunciado. O sinal se foi. Mas a insubordinação se mantém. Em *frequente, tranquilo, lingueta* e *linguiça*, o número de letras corresponde ao de fonemas.

O mesmo ocorre com *pescar, excluir* & cia. insubmissa. Para elas, impera a lei do jogo do bicho. Vale o que está escrito. Os grupos SC e XC deixam de ser dígrafos. Entram na regra geral – um fonema, uma letra. Em suma: ortodoxas e heterodoxas não constituem problema só da língua. A opção delas interfere na pronúncia e na separação silábica. Sobra para nós.

9 NOS VERBOS, S OU Z DEPENDE DO INFINITIVO

Letra é uma coisa. Fonema, outra. As letras compõem o alfabeto. No português, são 26. Todos as sabem de cor e salteado – a, b, c, d, e, f, g, h... z. Os fonemas são os sons, o jeitinho como são pronunciadas. E é aí que mora o perigo. Há sons pra lá de disputados. Um deles é o Z. Várias letras soam como a lanterninha do abecedário. O S e o X figuram no rol das competidoras. *Atraso* e *exame* servem de exemplo.

A disputa tem consequências. A mais grave: causa senhora confusão na cabeça dos pobres mortais. Os verbos querer, pôr, fazer e dizer são os campeões da babel. Em certas formas, aparece o fonema Z. Mas se escreve a letra S. É o caso de *quis*, *quiser* e *puser*. Em outras, quem pede passagem é a letra Z. *Diz*, *fiz* e *fizer* não nos deixam mentir.

O muda-muda tem explicação? Tem. E, coisa rara no português nosso de todos os dias, a regra não tem exceção. Vale para qualquer verbo. O segredo está no infinitivo. No nome do verbo aparece o Z?

Então, não duvide! Sempre que o fonema Z soar, dê a vez à última letra do alfabeto:

dizer	diz, dizes, dizemos, dizem
fazer	fazes, faz, fazemos, fazem, fiz, fizeste, fizemos, fizeram, fizesse, fizer

Atenção! Muita atenção! O derivado é maria vai com as outras. Segue o primitivo: *refiz, desfizemos, desdizemos, compuser, depuséssemos*. Etc. e tal.

Nos verbos *querer* e *pôr*, o Z não aparece. Logo, quando soar o Z, escreva S. Você acertará sempre:

querer	quis, quiseste, quisemos, quiseram, quiser, quisera, quiseras, quiséramos, quisesse, quiséssemos
pôr	pus, puseste, pôs, pusemos, puseram, puser, pusermos, pusesse, puséssemos

Viu? Desvendados os mistérios dos verbos *querer, pôr, fazer, dizer* & cia., fica uma certeza: o diabo não é tão feio quanto o pintam.

10 Z E S TÊM A VER COM A ORIGEM DA PALAVRA

Limpeza se grafa com Z, e francesa, com S. Por quê? A resposta não está na pronúncia. Nos dois vocábulos, o som é o mesmo. A diferença tem tudo a ver com a formação das palavras. Desde os primeiros anos de escola, estudamos o assunto. Mas dúvidas persistem, sobretudo na cabeça de quem não tem o hábito da leitura.

Não há nada de estranho. Ortografia é fixação. Quanto mais contato temos com a língua escrita, mais familiares as palavras se tornam. Esses e zês viram gente de casa, íntima como marido e mulher ou pais e filhos. Eis a razão por que, ao perguntarem a alguém como se escreve determinado vocábulo, muitos pedem licencinha para escrever o termo antes de bater o martelo.

Embora poucas, há regras que quebram um senhor galho na hora de desatar nós. Uma delas explica por que *limpeza* se grafa com Z. Para dar as caras, o sufixo *-eza* faz uma exigência: formar substantivos abstratos derivados de adjetivos. É o caso de:

belo	beleza
certo	certeza
cru	crueza
grande	grandeza
mal	malvadeza
real	realeza
safado	safadeza
sutil	sutileza

A norma vale também para o sufixo -*ez*. Veja:

altivo	altivez
honrado	honradez
lúcido	lucidez
macio	maciez
mudo	mudez
sensato	sensatez
surdo	surdez

A palavra *francesa* joga em outro time. É adjetivo derivado de substantivo. No masculino, o S também aparece. Exemplos não faltam:

burgo	burguês, burguesa
Escócia	escocês, escocesa
freguesia	freguês, freguesa
Inglaterra	inglês, inglesa
Portugal	português, portuguesa

Superdica: na dúvida, pare e pense. A palavra deriva de substantivo ou adjetivo? Se derivar de substantivo, dê passagem ao S. Se de adjetivo, ao Z. A origem é a chave do enigma.

11 O SUFIXO *-ISAR* NÃO EXISTE

Os professores repetem e repetem. O sufixo *-isar* não existe. Mal eles falam, a meninada se lembra de paralisar, analisar, pesquisar. As quatro letrinhas lá estão, firmes e fortes. Também se lembram de civilizar, organizar, catequizar & cia. Como explicar a aparente contradição? É simples. A chave da resposta se encontra na origem do verbo.

Vale o exemplo de analisar. Este é um verbo derivado do substantivo *análise*. Ora, se *análise* tem S no radical, nada mais justo que o S se mantenha no verbo. É o caso de *bis* (*bisar*), *catálise* (*catalisar, catalisante, catalisado*), *pesquisa* (*pesquisar, pesquisador, pesquisado*), *liso* (*alisar*). Reparou? O IS faz parte da palavra primitiva. O verbo se formou com o acréscimo do *-ar*. Palmas para o professor: *-isar* não existe.

A família das seguintes ilustres criaturas rezam pela mesma cartilha:

34

análise	analisar, analisado, analisador
freguesia	freguês, freguesa
paralisia	paralisar, paralisante, paralisado, paralisação
improviso	improvisar, improvisação, improvisado, improvisador

E como explicar a presença do -*izar* em *amenizar, capitalizar, humanizar, simbolizar* etc. e tal? Os coitados não têm o S onde o -*ar* possa se agarrar. Precisam de uma ponte. Construíram o IZ, que se mantém nos derivados:

ameno	amenizar, amenização
canal	canalizar, canalizado, canalizante
humano	humanizar, humanizão, desumanizado
capital	capitalizar, capitalização, capitalizado

Alguns são privilegiados. Têm o Z no radical. Nada mais justo que respeitar a família. É o caso de:

cicatriz	cicatrizar, cicatrização
deslize	deslizar
juízo	ajuizar, ajuizado
raiz	enraizar, enraizado

Moral da história: o emprego de -*isar* ou -*izar* é questão de família.

12 ACENTO É SINAL DE REBELDIA

O assunto é velho como o paraíso de Adão e Eva. Mesmo assim, pega a gente pelo pé. Questões ardilosas roubam pontinhos valiosos em provas, vestibulares ou concursos. Não faltam casos de profissionais que perderam promoção por causa de um grampo ou de um chapéu. Até amores ardentes viraram cinzas diante de agudos ou circunflexos presentes ou ausentes. Com os acentos, pois, todo cuidado é pouco.

O que fazer? Penetrar no universo das enigmáticas criaturas é bom começo. O percurso tem trechos planos e outros tortuosos. Percorrê-lo exige marchas e pausas. Por isso, como diz o esquartejador, vamos por partes. Iniciemos por liçãozinha pra lá de repetida desde os tempos em que farmácia se escrevia com PH.

As palavras com mais de uma sílaba têm uma marca registrada. É a sílaba tônica. Ela se pronuncia mais forte que as outras. Nas oxítonas, como *jornal* e *amor*, a tônica é a última. Nas paroxítonas, como *casa* e *livro*, a penúltima. Nas proparoxítonas, como *fósforo* e *fizéssemos*, a antepenúltima.

Quando o português usava fraldas, era pra lá de difícil acertar a sílaba tônica dos vocábulos. *Rubrica* ou *rúbrica*? *Nobel* ou *Nóbel*? Que rolo! As palavras, então, se reuniram em conselho. Discute daqui, briga dali, reconcilia-se dacolá, firmaram este acordo:

Artigo 1º As terminadas em A, E e O, seguidas ou não de S, são paroxítonas.

Artigo 2º As terminadas em I e U, seguidas ou não de qualquer consoante, são oxítonas.

Artigo 3º Quem se opuser ao acordo será punido com acento gráfico.

As primeiras a espernear foram as proparoxítonas. Com razão. Com as cinco vogais ocupadas, não sobrou nenhuma para as coitadas. Se elas aderissem, desapareceriam da língua. Por isso, todas são acentuadas (rítmico, álibi, satélite). As oxítonas também fizeram cara feia. Elas foram brindadas com duas vogais. As paroxítonas, com três. Eis o motivo por que a maior parte das palavras em português é paroxítona; a menor, proparoxítona.

13 OXÍTONAS E PAROXÍTONAS SÃO INIMIGAS ETERNAS

"Hifens, itens e liquens são mosca de padaria. Estão presentes em qualquer prova vira-lata de qualquer concurso, vira-lata ou não", pensou o candidato. Com acento? Sem acento? Tacou-lhe o sinalzinho. Errou. Ele se esqueceu da velha rixa existente entre as oxítonas (cuja sílaba tônica é a última, como em *sofá, tupi, urubu*) e as paroxítonas (cuja sílaba tônica é a penúltima, como em *casa, táxi, automóvel*). Culpa da memória. Tudo aconteceu há tanto tempo...

No século XIII, quando a língua portuguesa engatinhava, travou-se batalha sangrenta. Oxítonas e paroxítonas se enfrentaram. Briga feia. Não faltaram palavrões, unhadas e pontapés. Resultado: entre ambas criou-se inimizade eterna. Saíram séculos, entraram séculos, nada mudou. Até hoje elas não podem nem se olhar. O que uma faz não passa pela cabeça da outra imitar. A acentuação gráfica serve de exemplo. Se uma leva o sinalzinho, a outra não levará. Quer ver?

São acentuadas as oxítonas terminadas em EM e ENS (*armazém, armazéns; refém, reféns; vintém, vinténs; desdém, desdéns; porém, parabéns*). As paroxítonas com as mesmas terminações passam longe do acento (*homem, homens; nuvem, nuvens; item, itens; jovem, jovens; batem, vendem, contem*). E hífen? É paroxítona terminada em EN. Em português, há poucas palavras nesse time (*líquen, éden, abdômen, gérmen*). O singular não coincide com as oxítonas. Daí o acento. No plural, a coisa muda de figura. As oxítonas terminadas em ENS são acentuadas (*armazéns, parabéns*). As paroxítonas, não (*hifens, edens, liquens, abdomens, germens*).

Dois duros não fazem bom muro, diz o velho ditado mineiro. Na guerra das palavras, oxítonas e paroxítonas não cedem jamais. São duas retas que nunca se encontram.

14 VAMOS CORTÁ-LO, DEPOIS REPARTI-LO

Alguns exageram. Para apagar as marcas do tempo, batem ponto no consultório do cirurgião todos os meses. Com um pouco de sorte, esperam livrar-se de vinte, trinta anos. Não conseguem. Mudam a aparência. Mas são os mesmos homens e mulheres que acumularam alegrias, tristezas, êxitos, fracassos, perdas e ganhos.

Em nosso idioma, ocorre fenômeno semelhante. O pronome átono *o* às vezes ganha outras caras. Ora vira *no*, ora se transforma em *lo*. Alguns se confundem. Pensam tratar-se de coisa nova. Enganam-se. É o mesmo pronomezinho do tempo em que os bichos falavam. Tão antigo quanto dormir de touca ou ouvir LP. Ele muda de cara por bondade. Com a letrinha a mais, a pronúncia fica mais fácil.

O *no* pede passagem quando o pronome *o* vem após palavras cuja última sílaba é nasal. Quais? As terminadas em M ou com ditongos nasais, com til:

Eles *amam Maria*	amam-*na*
Paulo *põe o livro* na estante	põe-*no*
Os PMs *cercam as motos*	cercam-*nas*

O *lo* é cheio de maldades. Aparece depois de verbos terminados em R, S ou Z. Mas, quando dá as caras, manda as pobres consoantes plantar batata. As enxotadas não têm saída. Somem:

É preciso *cantar a música* com emoção	cantá-*la*
Ele *pôs o livro* na gaveta	pô-*lo*
Fiz o trabalho	fi-*lo*

Com ou sem acento? Os verbos acompanhados do pronome *lo* aparecem ora de um jeito, ora de outro. Por quê? Porque eles são pra lá de obedientes. Em português, acentuam-se as oxítonas terminadas em A, E e O, seguidas ou não de S. É o caso de *sofá* (*sofás*), *você* (*vocês*), *vovó* (*vovós*).

As terminadas em I ou U ficam de fora. Não querem ouvir falar de grampinho (*aqui, ali, caju, urubu*). As formas verbais seguem a regra tim-tim por tim-tim. As terminadas em A, E e O ganham acento. Em I, nem pensar: *contá-lo; comprá-las; vendê-los; escrevê-la; parti-lo, ouvi-las; pô-lo; compô-las.*

15 OLHO NO PLURAL DE TEM, VEM & FAMILIARES

A regra é fácil como andar pra frente. Mas dá nó nos miolos de estudantes e de profissionais com muitos quilômetros rodados. Trata-se de distinguir o singular e o plural de verbos pra lá de conhecidos. Dois deles jogam na mesma equipe. São os verbos ter e vir. Vale lembrar que eles têm família. Filhos, irmãos, tios e primos das pequeninas criaturas contribuem para a confusão.

Que tal desatar os nós? Comecemos pelo faladíssimo ter. *Ele tem. Eles têm.* Singular e plural soam do mesmo jeitinho. Mas a escrita diferencia os dois números. Brinda o plural com chapéu mais que charmoso e, por isso, não admite que o acessório passe despercebido. Exige que olhemos pra ele e o mantenhamos no lugar. Assim: *Um dos assaltantes tem ficha limpa. Os demais têm passagem pela polícia.*

Manter, conter, deter, reter & cia. são filhotes de ter. Eles têm algo a mais que o paizão. Ao ganhar sílabas, deixam o time dos monossílabos. Obedecem, então, à regra de acentuação gráfica da nova turma.

No caso, as oxítonas. No singular, exibem grampinho vistoso. Tu manténs, ele mantém, tu conténs, ele contém, tu deténs, ele detém, tu reténs, ele retém juntam-se a armazém, armazéns, amém, améns, porém, parabéns. Olho vivo! O plural não muda (mantêm, contêm, detêm, retêm).

Vir segue modelo idêntico ao ter (ele vem, eles vêm). Os derivados percorrem a mesma trilha, tim--tim por tim-tim. É o caso de *convir, provir, advir*. Quer um exemplo? Fiquemos com *intervir*: *Tu intervéns nos negócios da tua família. Maria intervém nos da família dela. João e Rafael intervêm nos deles. Queiram ou não, todos intervêm nos assuntos de uns e outros.* Valha-nos, Deus! Xô, intromissão!

16 DESCUBRA O QUÊ DOS QUÊS

Acento tem tudo a ver com pronúncia. Agudo e circunflexo só caem sobre a sílaba tônica. Em dissílabos, trissílabos e polissílabos, descobrir a mais forte é fácil como arrancar promessa de político. É com os monossílabos que a porca torce o rabo. Os pequeninos obedecem à mesma regra das oxítonas. Acentuam-se os terminados em A, E e O, seguidos ou não de S. Compare: *sofá* (*já*); *estás* (*dás*); *você* (*dê*); *vocês* (*dês*); *cipó* (*dó*).

Alguns dão nó em fumaça. É o caso do quê. As três letrinhas mudam de time como modelo troca de roupa. Ora são conjunção. Ora pronome. Ora substantivo. A primeira equipe não oferece problema. O trio se apresenta sempre com a mesma cara. Veja: *Disse* **que** *sairia mais cedo. Entre,* **que** *vem chuva braba.*

As outras provocam dor de cabeça. Por duas razões. De um lado, *que* tem o poder da mobilidade. Salta daqui para ali como macaco salta de galho. De outro, varia de classe gramatical. Passa de pronome a substantivo com a facilidade com que trocamos de roupa. Elas fazem as artes. Nós pagamos o pato. O preço dessas mudanças é o acento. Quando usá-lo?

1. Quando o quê for substantivo. Aí será antecedido de pronome, artigo ou numeral. Como todo nome, tem plural:

Giselle tem um *quê* de sedutor.

Qual o mistério dos *quês*?

Corte os *quês* da redação.

2. Quando o quê for a última palavra da frase – a última mesmo, coladinha no ponto:

Trabalhar pra *quê*?

Riu, mas não disse por *quê*.

Você se atrasou por *quê*?

Ele se ofendeu com *quê*?

É isso. Desvendados os dois empregos, o quê recolhe-se à própria insignificância. Redatores que arrancam os cabelos por causa do acentinho chegam à conclusão óbvia: não há por que temer o quê. Ele é mais manso que o gatinho lá de casa.

17 SAIBA O PORQUÊ DOS PORQUÊS

Estudantes, jornalistas, advogados, todos querem saber por que o porquê tem tantas caras. Ora aparece junto. Ora separado. Ora com acento. Ora sem. Não há quem não hesite na hora de escrever uma forma ou outra. Muitos preferem chutar. Mas, como a língua não é loteria, melhor não correr riscos. O caminho é estudar o assunto. Aprendidas as manhas da caprichosa criatura, empregar uma ou outra torna-se fácil como andar pra frente.

Por que

1. Nas perguntas:
   Por que os professores estimulam a leitura?

2. Nos enunciados em que é substituível por "a razão pela qual":
   É bom saber *por que* (a razão pela qual) os professores estimulam a leitura.

Por quê

A dupla com chapéu só tem vez quando o quezinho for a última – a última mesmo – palavra da frase. Por quê? Ele é átono. No fim do enunciado, torna-se tônico. O acento lhe dá a força:

Os professores estimulam a leitura *por quê*?

A evasão escolar continua alta, mas poucos sabem *por quê*.

Que tal descobrir *por quê*?

Porque

Com essa cara, juntinho, sem lenço nem documento, *porque* é conjunção causal ou explicativa:

Os professores estimulam a leitura *porque* bons textos enriquecem o vocabulário.

A evasão escolar é alta *porque* muitas crianças trabalham em vez de ir à aula.

Porquê

Assim, coladinho e com chapéu, o *porquê* torna-se substantivo, com plural e tudo. Para mudar de classe, precisa da companhia do artigo, pronome ou numeral:

Explicou *o porquê* da evasão escolar.

Certos *porquês* quebram a cabeça da gente.

Esse *porquê* se inspira em dois porquês anteriores.

Resumo da opereta: não há por que temer os porquês. Quem entendeu a lição sabe por quê.

18 O TIL NEM SEMPRE É MARCA DO FORTE

Órgão e *órfã* têm dois acentos? Sim ou não? Faça a sua aposta. Se você respondeu não, acertou. Em nosso idioma, as palavras com mais de uma sílaba têm acento tônico. É a sílaba que soa mais forte. Nas oxítonas, ele cai na última sílaba. É o caso de *urubu*, *tupi*, *papel*. Nas paroxítonas, na penúltima. Valem os exemplos de *casa*, *potente*, *mulato*. Nas proparoxítonas, na antepenúltima. *Tâmara*, *líderes* e *fósforo* servem de prova.

O acento tônico pode ser indicado por um acento gráfico. (Entram então na jogada as regras que a gente aprende na escola.) Em português, só há dois: o agudo (*avó*) ou o circunflexo (*avô*). Eles são altamente seletivos. Recaem na sílaba tônica. O agudo informa que o som é aberto. Manda escancarar a boca (*sofá*, *café*, *fósforo*). O circunflexo fecha o timbre (*lâmpada*, *você*, *complô*).

Além da duplinha poderosa, a língua recorre a outros sinais. Um deles é o til. Ele deixa muita gente encucada. Que papel a cobrinha exibida exerce na palavra? É sinal de nasalidade. Diz que o nariz deve entrar na jogada. Ao pronunciar a sílaba, é por ele que sai parte do ar (compare: *Irma, irmã*). Se a palavra não tiver acento (agudo ou circunflexo), o til faz a festa. Cai na sílaba tônica. É o caso de *coração, cidadã, liquidação*.

Com acento, cessa tudo que a antiga musa canta. O sinalzinho perde a majestade. O acento é que indica a sílaba tônica. *Órgão* e *órfã* são exemplos. A sílaba tônica é *ór*. O acento grave joga no mesmo time da cobrinha assanhada. Não tem nada com a sílaba tônica. O grave indica a fusão de dois *aa* (crase). Nada mais, nada menos: *Dirigiu-se àquele que parecia mandar na empresa*.

É isso. Com os acentos, vale a regra: um é bom, dois é demais.

19 A REFORMA MUDOU A CARA DAS PALAVRAS

Quem fica parado é poste? É. Como não é poste, a língua se move. O século passado trouxe várias reformas ortográficas. Graças a elas, *pharmacia* deixou o PH pra lá, *govêrno* perdeu o chapéu e *cafézinho* abandonou o grampinho. No primeiro dia de 2009, novas alterações entraram em vigor. Palavras ganharam cara diferente.

As alterações são poucas. Apenas 0,5% do português do Brasil sofreu mudanças, que atingem quatro itens.

O primeiro: incluiu as letras K, W e Y no alfabeto. Em vez de 23 letras, nosso abecedário passou a ter 26. A alteração não mudou em nada nossa vida cotidiana. Na verdade, tornou de direito o que é de fato. O K já figurava em abreviaturas (kg, km), fórmulas etc. e tal. O Y frequentava certidões de Yaras & cia. O W, além de aparecer em abreviaturas e nomes próprios, como Wilson e Walter, dava nome a avenidas que cortam Brasília de norte a sul.

O segundo: mandou o trema azucrinar a paciência de outra freguesia. Na língua de Camões, Pessoa e Guimarães Rosa, o sinalzinho não tem mais vez. Mas ele não morreu para todo o sempre. Matará a saudade dos inconformados em palavras estrangeiras ou delas derivadas (*Müller, mülleriano*). A razão: nós podemos alterar a nossa língua. Não temos poder para mudar a dos outros.

O terceiro: cassou acentos agudos e circunflexos. É aí que a porca torce o rabo. Só as paroxítonas sofreram alterações. As oxítonas e as proparoxítonas mantiveram-se como dantes no quartel de Abrantes.

O quarto: alterou as regras do emprego do hífen. Diminuiu o número de normas do emprego do tracinho, mas o danado continua dando nó nos miolos. Com ele, a melhor receita é a consulta.

Superdica: a reforma só muda a grafia de palavras. Pronúncia, concordâncias e regências não foram sequer arranhadas.

20 A REFORMA CASSOU ACENTOS SÓ DAS PAROXÍTONAS

A reforma ortográfica conjugou dois verbos. Um: caçar. O outro: cassar. Ambos soam do mesmo jeitinho. Mas têm acepções pra lá de diferentes. Com Ç, significa "buscar", "perseguir". Com SS, "tornar sem efeito". Pois os acadêmicos caçaram acentos que pudessem ser cassados sem desrespeitar o pacto das palavras. Lembra-se? Trata-se do acordo transcrito na dica 12.

Vocábulos terminados em A, E e O, seguidos ou não de S, são paroxítonos (casa, casas; bate, bates; livro, livros). Também são paroxítonos os terminados em EM, ENS (jovem, jovens). Os rebeldes, que fogem à regra, ganham acento gráfico (sofá, sofás; você, vocês, vovó, vovós; armazém, armazéns). Eureca! Suas Excelências encontraram seis casos. Sem agudos ou circunflexos, o leitor não se confunde. Sabe onde cai a fortona.

Eis o fruto da caça:

> **1.** O chapéu do ditongo ÔO cai fora. *Vôo, abençôo, perdôo* viram *voo, abençoo, perdoo*.
>
> **2.** O circunflexo do hiato ÊEM diz adeus. *Vêem, crêem, dêem, lêem* assumem a forma *veem, creem, deem, leem*.
>
> **3.** O agudo do U tônico dos verbos apaziguar, averiguar, arguir & cia. some. *Apazigúe, averigúe, argúe* viram *apazigue, averigue, argue*.
>
> **4.** O I e U antecedidos de ditongo perdem o grampo. *Feiúra, baiúca, Sauípe* transformam-se em *feiura, baiuca, Sauipe*.
>
> **5.** Os ditongos abertos ÉI e ÓI se despedem do acento. *Idéia, jóia, jibóia* se exibem como *ideia, joia, jiboia*; mas há uma exceção: *destróier* continua com acento porque, nesse caso, prevalece a regra de acentuação das paroxítonas terminadas em *-r*.(O grampinho permanece nas oxítonas e monossílabos tônicos: *papéis, herói, dói*.)
>
> **6.** Os acentos diferenciais se vão. *Pêlo, pélo, pára, pólo, pêra* tornam-se *pelo, para, polo, pera*. (Mantém-se o chapéu de *pôde*, passado do verbo *poder*, e do verbo *pôr*).

Resumo da opereta: os marmanjos terão de reaprender algumas regras. A meninada que está se alfabetizando teve a vida facilitada. Oba!

21 FEIURA PERDE O ACENTO QUE PIAUÍ MANTÉM

Sai não tem acento. *Saí* tem. *Saudade* não tem. *Saúde* tem. De tão repetida, a regra tornou-se mais conhecida que a tentação de Adão e Eva. O professor a ensina. Os alunos a memorizam. Os manuais a ilustram. Os concursos a cobram. Em suma: ignorá-la é como desconhecer que a noite vem depois do dia.

Grandes e pequenos trazem na ponta da língua os quatro requisitos para a quebra do ditongo. Um: o U ou I têm de ser a sílaba tônica. Dois: têm de ser antecedidos de vogal. Três: têm de formar sílaba sozinhos ou com S. Quatro: não podem ser seguidos de NH.

Exemplos? Há para dar e vender: *saí* (sa-í), *saída* (sa-í-da), *egoísta* (e-go-ís-ta), *saúva* (sa-ú-va), *baús* (ba-ús), *contribuí* (con-tri-bu-í). Mas: *rainha* (ra-i-nha), *campainha* (cam-pa-i-nha), *ladainha* (la-da-i-nha), *bainha* (ba-i-nha).

Mas eis que vem o Acordo Ortográfico. Ele manda para as cucuias um acentinho que atinge, talvez, meia dúzia de palavras. Trata-se do agudo usado no U e I das paroxítonas, quando antecedidos de ditongo. É o caso de *feiura* (fei-u-ra), *baiuca* (bai-u-ca), *Sauipe* (Sau-i-pe).

Percebeu a nuança? Para perder o grampinho, o I e o U têm de ser antecedidos de ditongo – uma vogal e uma semivogal que soam numa só emissão de voz. Se forem antecedidos de vogal, continuam como estão e como sempre estiveram. Fácil? Então responda rápido: *Piauí* perdeu o acento? Antes de bater o martelo, leia os dois parágrafos antecedentes. E daí? Se você apostou no não, acertou. A razão: as mudanças só atingiram as paroxítonas. Pi-au-í é oxítona. A reforma não tocou nem nas oxítonas, nem nas proparoxítonas, nem nos monossílabos átonos. Meteu a tesoura só nas paroxítonas. É por isso que *Cauí* também conserva o grampinho.

22 NOTA FÚNEBRE

Machado de Assis, Eça de Queirós, Graciliano Ramos, Jorge Amado, Clarice Lispector, José Saramago, João Ubaldo Ribeiro, Millôr Fernandes (*in memoriam*), Lygia Fagundes Telles, Roberto Pompeu de Toledo, Luís Turiba, Paulo José Cunha e todos os cultores da boa linguagem cumprem o doloroso dever de comunicar o falecimento do trema.

Vítima de abandono e maus-tratos, ele deixa a família verbal enlutada. Os amigos se unem nesse ato de piedade cultural e protestam contra tão prematura e insubstituível partida. João Ubaldo era o mais veemente. Alto e bom som, dizia a quem tivesse ouvidos para ouvir: "Vou continuar a usar o sinalzinho. Se o revisor quiser, que o tire". Tirou.

Consequência, eloquente, cinquenta, linguiça, tranquilo, aguenta & cia. perderam a charmosa distinção. Mas mantiveram a pronúncia. Mesmo sem a duplinha sobre a cabeça, o U continua a soar Ü. Você poderá se perguntar como agir diante de palavra nova, jamais ouvida. A resposta é simples: consulte o dicionário. O pai de todos nós indicará a prosódia, isto é, a pronúncia do vocábulo.

Cá entre nós, ficou mais fácil, não ficou? As crianças que estão se alfabetizando poderão ocupar a cabeça com outros assuntos. E nunca mais tropeçarão no verbo *arguir*. O danadinho tinha três faces na conjugação. Ora aparecia com trema. Ora com acento. Ora sem nada. Agora é tudo peladão: *arguo, argues, argue, arguimos, arguem* (Olho vivo! O nudismo é coisa do U; o I, de *arguí*, exibe vistoso grampinho). Viu? Não só o U perdeu os anéis e manteve os dedos. Os verbos *arguir, averiguar, apaziguar* também deixaram para trás algo mais. O acento agudo que se usava nas formas *argúe, averigúem, apazigúes, enxagúe* & cia. também entrou na degola. Rezemos por ele. Passado o luto, adeus, tristeza! Adeus, saudade! Viva a simplificação!

23 HÍFEN É CASTIGO DE DEUS

A Terra tinha uma só língua e um só modo de falar. Ninguém precisava estudar inglês, francês, alemão ou árabe. Todos se entendiam. "Que monotonia", bocejaram os homens. "Vamos agitar?" Pensa daqui, palpita dali, eureca! Decidiram construir uma torre que os levasse ao céu. Lá as coisas deveriam ser mais animadas. Dito e feito.

Deus, ao ver a ousadia, irou-se. Afinal, chegar ao reino do alto não poderia ser tão fácil assim. O castigo veio rápido – a criação de 6.800 línguas. Os pedreiros de Babel não entenderam mais o mestre de obras, que não entendeu mais o engenheiro, que não entendeu mais o arquiteto, que não entendeu mais os desenhistas. E assim foi. O esqueleto ficou ali, inacabado. Babel virou substantivo comum. Significado: confusão de línguas.

Sem comunicação, as criaturas se dispersaram. Pior: cada língua recebeu punição à parte. O chinês ficou com os milhares de ideogramas. O inglês, com a escrita diferente da pronúncia. O francês, com a praga dos acentos. O alemão, com as palavras coladas, tão compridas quanto a cobra que tentou Eva no paraíso.

E o português? Ganhou o hífen. Deus pegou um montão de hifens na mão direita, um montão de palavras na esquerda e jogou tudo para o alto. O resultado? A confusão que todos conhecem. Algumas palavras se ligaram com hífen (*anti-imperialismo*), outras não (*antifeminismo*). Outras dobraram letras (*antissafra*). Por quê? É o castigo de Deus.

No caos divino, falta espaço para a lógica. Mas, piedoso, o Senhor deu ajudinhas aos mortais. Uma delas: obras de consulta. Dicionários, gramáticas, manuais quebram um baita galho. (É importante que estejam atualizados segundo o Acordo Ortográfico que entrou em vigor em 1º de janeiro de 2009.) Outra: dicas generosas. Três delas são mais do que abrangentes. Uma trata do H. Outra, do encontro de letras iguais. A terceira, do encontro de letras diferentes. As superdicas seguintes tratam do assunto. Dê uma espiadinha.

24 O H PROVA QUE ANTIGUIDADE É POSTO

O hífen é castigo de Deus? É. Se alguém tinha dúvida disso, a reforma ortográfica encarregou-se de acabar com ela. O texto do Acordo é tão impreciso que deixou perguntas e mais perguntas no ar. Onde encontrar respostas? No *Vocabulário ortográfico da língua portuguesa* (Volp). Mas ele estava desatualizado. Finalmente, a Academia Brasileira de Letras divulgou a obra. Nota explicativa ajuda a tirar grilos da cabeça. Nela, explicitam-se os princípios que nortearam o Volp.

São quatro. Um: respeitar a lição do Acordo. Dois: estabelecer uma linha de coerência do texto como um todo. Três: acompanhar o espírito simplificador do Acordo. O quarto e mais importante: preservar a tradição ortográfica em caso de omissões do texto. Em bom português: exceções, só as explícitas. Como no jogo do bicho, vale o que está escrito.

Eis um exemplo. O acordo manda usar hífen quando o prefixo é seguido de H. É o caso de *anti-humano*, *super-homem*, *a-histórico*. Citou uma exceção:

60

subumano, cujo uso está consagrado (mas a forma *sub-humano* também vale). Pintou a confusão. Voltaríamos a escrever "in-hábil", "des-habitado" e "re-haver"? O quarto princípio diz que não. Eles continuam como dantes no quartel de Abrantes.

A famosa letra muda – que não fala, mas ajuda – tem poucos amigos. O Acordo respeitou-lhe a idiossincrasia ermitã. Estipulou que, com ela, é um pra lá e outro pra cá: *anti-higiênico, extra-humano, pseudo- -história, semi-hospitalar, super-homem, pós-homérico, extra-habitual*.

Mas princípio é princípio. Grafias tradicionais se mantêm. Por isso, o H desaparece em *coerdeiro, coabitação, reaver, anistórico, anepático, desumano, inumano, inábil*. Os derivados trilham o caminho dos primitivos: *desumanidade, inabilidoso, reouve*. E por aí vai.

Moral da história: para o Acordo Ortográfico, antiguidade é posto.

25 OS IGUAIS SE REJEITAM

Situações constrangedoras? Há muitas. Uma delas: bancar o par de vasos. Imagine a cena. Socialite chega majestosa à festa. Cabeça erguida, ombros eretos, barriga chupada, bumbum encaixado, chama a atenção de homens, mulheres, *gays*, lésbicas e simpatizantes. Ninguém resiste ao ímã. Os sentimentos variam. Alguns se excitam. Outros reverenciam a aparição. Há os que experimentam o gostinho da inveja. Não faltam os que bancam a raposa do La Fontaine: sem poder alcançar as uvas, a faminta as desdenhou. Disse que estavam verdes.

De repente, não mais que de repente, a elegante se vê diante de um clone. Outra convidada veste roupa igualzinha à dela – modelito Chanel, com a mesma cor, o mesmo tecido, os mesmos dourados. Nada fácil, convenhamos. O que fazer? Os manuais de boas maneiras ensinam: "Mostre-se simpática e jovial. Faça um comentário leve do tipo 'que ótimo termos o mesmo bom gosto'. Depois, mude de roda".

A história se repete na língua. No universo dos prefixos, os iguais se rejeitam. Quando duas letras iguais se encontram, ops! Surge o constrangimento. A saída é uma só. Chamar o hífen e deixar uma cá e outra lá. Assim: *contra-ataque, anti-inflamatório, semi--irregular, mini-internato, auto-observação, micro-ondas, hiper-rico, inter-racial, sub-bloco, super-romântico.*

Olho vivo! A Constituição diz que somos iguais perante a lei. Mas todos sabem que existem os mais iguais e os menos iguais. Na ortografia também ocorre a discriminação. O *sub-* pertence ao time maioral. Além do B, rejeita o R. Por quê? Com o hífen, dá um recado aos falantes. O R não forma encontro consonantal, como em *abraço*. Deve ser pronunciado (*sub-raça, sub-região, sub-rogar*).

Os pequeninos *co-, re-, pre-* e *pro-* juntam-se ao segundo elemento, mesmo quando ele acaba com a mesma letra: *coordenar; coobrigação; reeleição; preencher; proótico* (e derivados). Por quê? É direito adquirido.

26 OS DIFERENTES SE ATRAEM

É lugar-comum? É. E é tão antigo quanto o rascunho da *Bíblia*? É. E é tão conhecido quanto a tentação de Adão e Eva? É. Mas vale repetir. O amor é lindo. É lindo e faz bem. Abre o sorriso, melhora a pele, torna o sol mais luminoso, o dia mais claro, o céu mais estrelado. Deuses, ninfas, serafins, fadas e bruxas abençoam o encontro do olhar e da pele. Cupido joga a flecha envenenada. Acerta o coração dos mortais. Oxum, dona dos feitiços aprendidos na África, acaba o trabalho. Junta os que estão loucos para se juntar.

Quem são eles? São muitos. No Olimpo, Cupido e Psiquê. Em Troia, Helena e Páris. Na ópera, Orfeu e Eurídice. Na tragédia, Romeu e Julieta. No romance, Ceci e Peri. Em nossa vida de todos os dias, eu, você, ele, todos nós. Na língua, são os prefixos que encontram a cara-metade. Eles têm uma idiossincrasia. Só se casam com diferentes. Em bom português: os prefixos terminados em vogal ou consoante diferente da vogal ou consoante com que se inicia o segundo elemento é união certa.

Exemplos não faltam: *aeroespacial, agroindústria, agronegócio, antieducação, antidemocrático, autoescola, autodidata, autoanálise, coedição, coautor, infraestrutura, semiaberto, semiobscuro, semicircular, miniolimpíada, minianálise, microbiologia, microavanços, subalterno, subsolo, sobremaneira, neoescolar, psicoanálise.* A paixão pode ser enorrrrrrrrrrrrrrrme. Mas tem limites. A fronteira é a individualidade. Um e outro se fundem, mas mantêm a pronúncia. Por isso, vogal que encontra R ou S duplica o R e o S: *antirrábico, antissocial, biorritmo, contrassenso, infrassom, microssistema, minissaia, multissecular, neossocialismo, semirrobusto, ultrarrigoroso, corréu, corresponsável.*

Moral da opereta: o amor é cego, mas não é surdo.

27 PREFIXOS CHEGA PRA LÁ

"O que é certo na vida?", perguntaram certa vez a Confúcio. "A única certeza é que tudo passa", respondeu o sábio. Porque tudo passa, alguns preferem ver a vida rolar de longe. Não fazem amigos para não se decepcionarem. Não namoram para não serem traídos. Não se casam para não se separarem. Não têm filhos para não perdê-los. Não viajam para não enfrentar atrasos em aeroportos. Não mudam de emprego para não precisar se adaptar a novos chefes, novos colegas, novo ambiente. Em suma: "Afasta de mim esse cálice", repetem ao longo das décadas.

Na língua, também existem criaturas que se mantêm distantes. Não aceitam apenas o espaço para separá-las das demais. Querem algo mais. O hífen, então, entra na jogada. Ele funciona como placas encontradas aqui e ali para afugentar aventureiros e indesejados. "Área de segurança nacional", dizem umas. "Cão feroz", outras. "Cerca eletrificada", mais umas. Por trás das ameaças estão os prefixos ou falsos prefixos, que não abrem mão do tracinho nem a pedido dos deuses do Olimpo. Muitos são pra lá de conhecidos. Intolerantes desde sempre, ficam imunes a reformas ortográficas. O *ex-* serve de exemplo. As duas letrinhas dão recado claro. Dizem que o ser antecedido por elas foi, mas deixou de ser. É o caso do ex-marido. Ele dividiu o leito nupcial com a mulher. Não divide mais. É o caso também de ex-presidente. Sua Excelência sentou-se na cadeira-mor do Palácio do Planalto. Não se senta mais.

E os outros? *Além-, aquém-, pós-, pré-, pró-, recém-, sem-, vice-, sota-, soto-, vizo-: além-mar, aquém-muros, pós-graduação, pré-primário, pró-reitor, recém-chegado, sem-terra, vice-presidente, sota-piloto, soto-mestre, vizo--rei.* São esses os senhores Chega Pra Lá.

28 O QUE ERA DEIXOU DE SER

Hermes vivia no Olimpo. Um dia, viu a mulher mais linda que havia pisado a morada dos deuses. Era Afrodite. Ele olhou para ela. Ela olhou para ele. Não deu outra. Apaixonaram-se, casaram-se e tiveram um filho. Que nome lhe dar? Sugestão daqui, pesquisa dali, gostaram da mania brasileira. Chamaram-no Hermafrodito. Um pedacinho vem de Hermes. O outro, de Afrodite.

O garotão era belo como a mãe, mais conhecida por Vênus (ela mesma, a deusa do amor). Ninguém resistia aos encantos do gatão. A ninfa Salmaris caiu de amores por ele. A paixão era tal que comoveu os deuses. Dona de mil truques, a mocinha conseguiu que eles fundissem os dois num só corpo. Daí nasceu a palavra *andrógino*.

A androginia tem tudo a ver com a reforma ortográfica. Antes das mudanças que entraram em vigor em 1º de janeiro de 2009, certos prefixos tinham preferências meio indefinidas. Ora exigiam hífen. Ora dispensavam-no. Vale o exemplo do *co-*. Ele pedia o tracinho quando o segundo elemento tinha vida autônoma na língua. Era o caso de *co-autor*, *co-herdeiro*, *co-réu*.

Mas sobravam exceções e faltavam certezas. *Coirmão*, *comistura*, *coobrigação* e tantas e tantas outras grafavam-se coladinhas. Os maltratados fregueses da língua portuguesa arregalavam os olhos, abraçavam a cabeça e arrancavam os cabelos. Depois, faziam o que tinham de fazer: consultar o dicionário.

Ninguém pense que o *co-* estava feliz com a indefinição. Ao tomar conhecimento das articulações em torno do Acordo Ortográfico, ele se inspirou em Salmaris. Pediu aos acadêmicos que o livrassem do hífen para sempre. Em troca, respeitaria a pronúncia dos vocábulos que a ele se unissem. Por isso, quando seguido de R ou S, dobra as duas consoantes.

Viva! Adeus, dúvidas! Agora é tudo junto: *coautor*, *coerdeiro*, *corréu*, *correpresentante*, *comorador*, *coinquilino*, *coprodução*, *cossecante*.

29 NÃO AGRESSÃO A NÃO GOVERNAMENTAL

Você gosta de ouvir um redondo "não"? Ninguém gosta. Mãe, pai, marido, mulher, namorado, ficante, chefe, subordinado, todos perdem o humor diante das três letrinhas. Nem os bebês ficam imunes. Dizem que a criança que escuta muitos nãos nos primeiros meses de vida grava a negação na mente. Aí, Deus a acuda. Candidata-se ao título de adulto infeliz. Para alegria do psicólogo, claro.

O leitor e o ouvinte também têm horror a esse advérbio. Fazem tudo para ignorá-lo. Muitas vezes, passam batido por ele. Aí, entendem o recado pelo avesso. Para evitar traumas e distorções, há saídas. A melhor: fugir do não. Usar uma linguagem positiva. Dizer o que é, nunca o que não é. Não chegar na hora é chegar atrasado. Não ser necessário é ser dispensável. Não vir à aula é faltar à aula. Não acreditar é duvidar. Não saber é ignorar. Não lembrar é esquecer. Não alterar é manter.

A aversão ao não cresce dia a dia. Ultrapassou a fronteira humana e chegou à linguística. Mais precisamente: atingiu o hífen. Ao tomar conhecimento de que haveria mudanças na grafia das palavras, o tracinho ajoelhou-se diante dos acadêmicos. "Por favor", suplicou ele, "afasta de mim esse cálice". Comovidos diante de tanto sofrimento, Suas Excelências disseram sim. O acordo ortográfico cassou o hífen depois do não.

Adeus, indesejado das gentes e das palavras! Doravante, sem elo, é um lá e outro cá. Assim: *não agressão, não alinhamento, não conformismo, não fumante, não intervenção, não participação, não alinhado, não beligerante, não combatente, não conformista, não engajado, não intervencionista, não ferroso, não verbal, não viciado.*

Ufa!

30 SEM-TERRA, MAS COM ELO

Haja criatividade! Eles foram remediados. Viraram pobres. Passaram a miseráveis. Aí apareceram os carentes. Seguiram-se os despossuídos. Depois os descamisados vieram com força total. A construção de Itaipu criou os sem-terra. As águas invadiram a propriedade de pequenos proprietários rurais. O governo prometeu indenizá-los. Não o fez. José Rainha e Pedro Stedile tomaram a frente do movimento. Deu no que deu.

O *sem* virou histeria. O desabrigado é sem-teto; o desamparado, sem-justiça; o político vira-casaca, sem-partido. Xuxa fala nos sem-brinquedo. Elio Gaspari se refere aos sem-limite. Edir Macedo, aos sem-religião. O papa, aos sem-Deus. A liberação das tarifas bancárias deu origem aos sem-banco. A crise financeira logrou unanimidade – os sem-dinheiro.

O *sem* deu filhotes. Sem-terrinha têm-se manifestado aqui e ali. Fala-se no movimento dos sem-celular, sem-computador, sem-internet, sem-micro-ondas, sem-carro importado, sem-marido, sem-ficante. Enfim, a criatividade está solta.

Há limite para o *sem*? Há. Quando formam substantivos ou adjetivos, as três letrinhas gozam da inseparável companhia do hífen. Fora isso, grafam-se como as demais preposições do universo de Camões, Pessoa ou Machado: *Saiu sem pedir licença. Sem dinheiro, nada de compras. O crime se classifica em culposo ou doloso. O doloso é o cometido com intenção de matar.* Olho vivo. Sem é sem flexão. Tanto faz se no masculino, feminino, singular e plural, é tudo igual.

31 PÉ DE MOLEQUE, O AMOR E A LÍNGUA

Chora, pé de moleque. Cai, tomara que caia. Geme, dor de cotovelo. Vocês pagam o preço da efemeridade da língua. Há pouco, sustentavam-se em poderosos hifens. Agora, estão soltos. A reforma ortográfica cassou-lhes o traço de união. Inspirou-se na definição de Vinicius. "O amor", escreveu o poeta, "é infinito enquanto dura". Encontrou reforço na analogia do Millôr: "Eterno no amor tem o mesmo sentido que permanente no cabelo".

Assim, com a certeza de que tudo passa, o hífen também passou. Deu adeus aos compostos por justaposição com o termo de ligação. São, em geral, três palavras que, soltas, nada têm a ver umas com as outras. Mas, juntas, formam um terceiro vocábulo. É o caso de *pé de moleque*. *Pé* designa parte do corpo. *Moleque*, menino sapeca. A preposição *de* os junta. O trio dá nome ao doce que não pode faltar nas festas juninas.

Exemplos de criaturas desamparadas não faltam. Eis alguns: *mão de obra*; *dia a dia*; *dor de cotovelo*; *folha*

74

de flandres; faz de conta; quarto e sala; maria vai com as outras; joão sem braço; mula sem cabeça; bicho de sete cabeças.

Ops! Cuidado com a precipitação. O adeus não atinge todas as palavras assim compostas. Dois grupos escaparam. O primeiro entra no time das exceções. *Água-de-colônia, arco-da-velha, cor-de-rosa, pé-de-meia, mais-que-perfeito* mantêm o hífen. O segundo se refere aos compostos que designam animais ou plantas: *cana-de-açúcar; ipê-do-cerrado; joão-de-barro; bem-te-vi; bem-me-quer; porco-da-índia; canário-da-terra; castanha-do-pará.* E por aí vai.

Por falar em adeus, vale lembrar. *Tão só, tão somente* e *à toa* eram escritas com hífen. Agora, estão livres e soltas. Sem lenço nem documento, frequentam os textos sem dar nó nos miolos dos falantes. É bom. A reforma, afinal, não se inspirou no Chacrinha. O Velho Guerreiro dizia que não estava no palco para explicar, mas para complicar. No caso, a mudança descomplicou. Viva!

32 NEM TUDO MUDOU NO REINO DOS HIFENS

Na mitologia grega, só os deuses são imortais. Eles não morrem porque se alimentam de néctar e ambrosia. Ninguém sabe de que as delícias são feitas. Só se sabe que são pra lá de gostosas. Por isso, chamam-se manjar dos deuses. Os mortais não têm saída. Morrem. E todos vão para o reino dos mortos.

Algo semelhante ocorreu no reino dos hifens. A reforma ortográfica introduziu mudanças. Eliminou empregos e criou outros. Mas respeitou os imortais. São compostos mais do que conhecidos: *beija-flor; arco-íris; decreto-lei; boa-fé; má-fé; amor-perfeito; médico-cirurgião; segunda-feira; guarda-noturno; mato--grossense; norte-americano; sul-africano; guarda-chuva; finca-pé; conta-gotas; alto-falante; marrom-glacê; pão-duro.*

E tantos e tantos outros. Entre eles, os adjetivos compostos, como *amarelo-limão, amarelo-laranja, verde--musgo, verde-oliva, verde-amarelo, azul-marinho, azul-turquesa, branco-parreira, marrom-claro, marrom--escuro, anglo-americano, austro-húngaro, luso-brasileiro, euro-americano, ibero-americano, hispano-americano, sino-japonês, teuto-espanhol.*

Incluem-se entre eles os vocábulos onomatopaicos formados por elementos repetidos, com ou sem alternância vocálica ou consonântica. É o caso de *blá-blá-blá, lenga-lenga, tique-taque, trouxe-mouxe, toque-toque, quem-quem, tim-tim.* Como identificá-los? Eles têm marcas. Uma: não são palavras derivadas com auxílio de prefixos ou sufixos. São formadas por nomes, adjetivos, verbos, numerais. Duas: as palavras que as compõem têm acento próprio, mesmo quando o primeiro elemento é reduzido (*africano* que vira *afro; lusitano, luso*). Três: entre elas, não há formas de ligação (preposição ou conjunção como em *pé de moleque, tomara que caia, mula sem cabeça*).

Superdica: a maior parte das palavras compostas continua grafada do mesmo jeitinho. Na dúvida, deixe a preguiça pra lá. Consulte o dicionário.

33 PAN E CIRCUM ENTRARAM NA RODA

Que medão! Pã vem chegando. Olhar para ele dá arrepios. Dividida em dois, a criatura é metade homem, metade bode. Tem o corpo todinho coberto de pelos como as cabras, os cachorros e os macacos. Na cabeça, exibe dois chifres. Os pés não são pés. São cascos. O meio-gente-meio-bicho habita os bosques, pertinho das fontes. Vive cercado de animais, todos loucos por ele. Tornou-se, por isso, a divindade protetora dos pastores e dos rebanhos.

Mas os humanos... Ah, os humanos! Tremiam na base só de lhe ouvir o nome. Com razão. Pã aparecia de repente. Perseguia moças e rapazes porque queria namorá-los à força. Apavorados, todos fugiam. Daí nasceu a palavra "pânico". É um pavor enorrrrrrrrrrrme. Os pastores da Arcádia o adotaram como deus. Não deu outra: a fama dele se espalhou pela Grécia, por Roma e pelo mundo. Passou a significar o grande todo, a vida universal.

Com essa acepção, desembarcou em nosso idioma. Pã virou o prefixo *pan-*. Sempre que aparece, dá ideia de totalidade. Os Jogos Pan-Americanos, por exemplo, agregam os habitantes das três Américas. O movimento pan-arábico junta os povos dos 23 países que falam árabe. Os defensores da pan-negritude buscam a união dos afrodescendentes espalhados mundão afora. Tal caráter agregador mereceu atenção especial dos acadêmicos. Na reforma ortográfica, o prefixo *pan-* entrou no grupo de *circum-*, que quer dizer "em redor de". Ambos se usam com hífen quando seguidos de vogal, M, N e H: *pan-africano; pan-asiático; pan-eslavismo; pan-helênico; pan-hispânico; pan-mágico; circum-ambiente; circum-escolar; circum-hospitalar; circum-marítimo; circum-murado; circum-navegação.*

34 GUARDE O PORTA-RETRATOS E SALTE DE PARAQUEDAS

Todas as línguas têm suas maldições. A do inglês é a pronúncia. A do francês, os acentos. Do alemão, as palavras coladas. Do russo, o alfabeto cirílico. Do chinês, os milhares de ideogramas. Do português, o hífen. Dizem que, consultado, nem Deus sabe dizer se um prefixo ou radical pedem o tracinho. A reforma ortográfica jogou lenha na fogueira. Com texto pouco claro, deu margem a chutes e delírios. Em um dos artigos, diz que o tracinho deixa de existir quando se perde a noção da composição. Citou um exemplo: *paraquedas*. Ora, a regra é subjetiva. Quem perdeu a noção? Eu? Você? A vovó? Sabe-se lá!

Dois radicais mereceram a atenção especial dos aventureiros linguísticos. Um: *para-*, que aparece em *para-raios*. Antes da reforma, a dissílaba aparecia com acento. Agora, mandou o grampo plantar batata no asfalto. Outro: *porta-*, que figura em *porta--malas*. Não faltou quem escrevesse "portarretratos".

Em nota, a Academia Brasileira de Letras jogou água na fervura. Avisou que, onde cabem interpretações subjetivas, só vale o exemplificado. No caso do *para-*, só paraquedas figura no exemplo (e, por motivos óbvios, seus derivados: *paraquedismo, paraquedista*). Conclusão: as demais duplinhas escrevem-se como dantes no quartel de Abrantes. É o caso de *para-choque, para-lama, para-vento, para-raios*. O mesmo vale para *porta-*. O *Vocabulário ortográfico da língua portuguesa* mantém o tracinho nos compostos que o ostentavam: *porta-retratos; porta-malas; porta-bandeira; porta-luvas; porta-trecos; porta-moedas; porta-documentos*.

Superdica: ao lidar com os hifens, seja esperto. Antes de tudo, deixe o complexo pra lá. Depois, aprenda a se virar. Como? Duvide. Duvide sempre. Busque socorro. O dicionário ajuda. E como!

35 ACIMA DO BEM E DO MAL

Quando o mundo nasceu, nasceram muitos deuses. Qual deles seria o deus dos deuses? A decisão foi tomada na luta. Zeus e o titã Cronos ficaram para a final. Depois de dez anos de guerra, Zeus venceu. Mudou-se, então, para o Olimpo, montanha luminosa que fica pertinho do céu. Lá, com os demais imortais, goza de três privilégios. Um: a invulnerabilidade – ninguém o pega. Outro: a juventude eterna – nunca envelhece. O último: a imortalidade – jamais morre.

Os deuses são melhores que nós? Não. Eles mentem. Brigam. Matam. Têm raiva. São invejosos. Também são bons e fazem caridade. Enfim, têm os defeitos e as qualidades dos humanos. Zeus, por exemplo, vivia apaixonado. Todos os dias caía de amores por uma garota diferente. Mas não podia dar mole. A mulher dele era extremamente ciumenta. Ele, então, dava um jeitinho. Para conquistar as belas, mudava de aparência. Ora surgia como cisne. Ora, como nuvem. Às vezes, como águia.

Outras, como chuva. Recebeu, por isso, o nome de "deus das mil formas".

Quem diria! A impermanência de Zeus tem tudo a ver com o hífen. Não com qualquer hífen, claro. Mas com o hífen que segue as duas polarizações do universo. De um lado, o bem. De outro, o mal. A regra é simples. Usa-se o tracinho diante de vogal e H. É o caso de *bem-aventurado, bem-estar, bem-humorado, mal-afortunado, mal-estar, mal-amado*.

Fácil, não? Seria, não fossem as artes herdadas de Zeus. Há tantas exceções que *bem* e *mal* passaram a ser chamados de "elementos das mil formas". Aprecie: *bem-criado* (*malcriado*); *bem-ditoso* (*malditoso*); *bem-falante* (*malfalante*); *bem-mandado* (*malmandado*); *bem-nascido* (*malnascido*); *bem-soante* (*malsoante*); *bem-visto* (*malvisto*); *bem-vindo* (*malvindo*). Ops! *Benfeito* agora dá a mão a *malfeito*. Nada mal.

Diante de tanta variedade, vão-se as certezas. Os mortais, que não gozam dos privilégios de Zeus, só têm uma saída: consultar o dicionário. Com o paizão, não há erro. É acertar ou acertar.

36 BURRO EM PELE DE LEÃO

Um burro muito simpático vivia na floresta. A bicharada gostava muito dele. Adorava tocar-lhe o pelo macio, montar no lombo amigo, acariciar as orelhas um tanto estranhas. Certo dia, o quadrúpede achou uma pele de leão. Não teve dúvidas: vestiu-a. E passou a assustar os animais do pedaço. Coelhos, ratos, veados, porcos-espinhos tremiam de medo quando viam a fera. Aí, não dava outra. Fugiam.

Feliz com a nova aparência, o farsante foi dar uma voltinha. Encontrou um lenhador. No início, o homem levou um baita susto. Depois, viu as orelhas esquisitas sob a pele de leão. Resultado: ficou com a pele do rei da floresta e ainda deu belas palmadas no fingidor por causa do susto que o mentiroso lhe pregou.

Reparou? O mundo está cheiinho de gente que quer passar pelo que não é. A língua também. Certas palavras se escrevem iguaizinhas a outras, mas pertencem a classe gramatical diferente e têm significados diferentes. Como evitar a confusão? A criatividade correu solta. Inventa daqui, palpita dali, eureca! Decidiram pelo acento diferencial. Assim, *pára*, do verbo *parar*, teria o agudo para distingui-lo da preposição *para* (como em "vou para São Paulo"). Eram poucos vocábulos. Minoria, todos sabem, não tem força. A reforma ortográfica veio e passou a tesoura em grampos e chapéus cuja função era distinguir palavras homógrafas – as que se escrevem do mesmo jeitinho, mas não têm parentesco nem distante. De agora em diante, *polo, pera, pelo, pela, para* grafam-se sem distinção. Assim: *Vou ao Polo Norte jogar partida de polo. O ônibus que vai para o Rio para aqui. O burro em pele de leão arrepiou o pelo dos bichos que passeavam pelo caminho do asno.*

Atenção, muita atenção: dois diferenciais permaneceram para contar a história. Um: *pôde*, passado do verbo *poder*. Ele não quer confusão com *pode*, presente. O outro: *pôr*. O pequeno escapou porque é monossílabo. A reforma só atingiu as paroxítonas.

37 LATIM, PARA QUE TE QUERO?

Expulsaram o latim da escola há meio século. Não adiantou. Teimoso, tal idioma bate à nossa porta sem cerimônia. Na televisão, o ministro diz que é "demissível *ad nutum*". O jornal anuncia que "o presidente recebeu o título de doutor *honoris causa*". O advogado afirma que vai "entrar com pedido de *habeas corpus* em favor do cliente".

Mais: a placa do restaurante ostenta o nome *Carpe Diem*. O professor pede: "Escreva assim, *ipsis litteris*". O repórter considera *sui generis* a reação do candidato. O diplomata foi tratado como *persona non grata*. *Dura lex, sed lex*, consola o juiz.

Criaturas tão íntimas merecem tratamento respeitoso. A reverência impõe duas condições. Uma: grafá-las como manda a norma culta. A outra: dominar-lhes o significado. Vamos lá?

- *Ad nutum* quer dizer "à vontade". Então, "demissível *ad nutum*" significa um empregado sem estabilidade que pode ser demitido segundo o humor do patrão – a qualquer momento.
- *Honoris causa* significa "pela honra". Para ostentar o título de doutor, a maioria dos mortais tem de ralar. Mas pessoas ilustres podem chegar lá sem exame. Tornam-se doutores *honoris causa*.
- *Habeas corpus* é o nome da lei inglesa que garante a liberdade individual. Em português claro: que tenhas o corpo livre para te apresentares ao tribunal.
- *Carpe Diem* dá o recado: aproveita o dia de hoje. A vida é curta; a morte, certa.
- *Ipsis litteris* tem a acepção de "textualmente" – sem tirar nem pôr.
- *Sui generis*: ímpar, sem igual.
- *Persona non grata*: usada em linguagem diplomática para dizer que a pessoa não é bem-aceita por um governo estrangeiro. Pessoa que não é bem-vinda.
- *Dura lex, sed lex*? Está na cara, não? É isso mesmo. A lei é dura, mas é lei.

Reparou? As expressões latinas não têm acento nem hífen. Se aparecer um ou outro, elas perdem a originalidade. Entram, então, na vala comum dos compostos. Ganham hífen. Compare: *via crucis* e via-crúcis, *in octavo* e in-oitavo.

38 HÍFEN GANHA FUNÇÃO NOVA

"Reforma, para que te quero?", perguntaram estudantes, professores, jornalistas, profissionais liberais e todos os que suaram a camisa para entender as manhas da ortografia. Depois de tudo dominado, teriam de desaprender o aprendido e reaprender as novidades. Que coisa! O esperneio cessou quando se anunciou o inimaginável. O emprego do hífen seria simplificado. Reduzir as noventa e tantas regras existentes? Oba!

Todos correram ao texto do Acordo. Procuravam certa racionalidade no vaivém de regras e exceções. Entre as novidades, uma mereceu arregalar de olhos. Trata-se da que amplia a função do tracinho. Além de ligar o pronome ao verbo (vende-se) e formar palavras compostas (beija-flor), o danado invade o território do travessão. Junta palavras sem formar vocábulos novos.

Antes, a distinção de papéis era pra lá de clara. De vocábulos independentes, o hífen formava um terceiro, sem parentesco com os originais. Vale o exemplo de beija-flor. *Beija* é forma do verbo *beijar*. *Flor*, o presente colorido que as plantas nos dão. Ligadas pelo traço de união, a dupla dá nome ao pássaro que voa de galho em galho e seduz pela leveza e encanto. O travessão, por seu lado, ligava vocábulos sem formar palavras novas. É o caso de *Ponte Rio–Niterói*.

Pois, doravante, cessa tudo que a musa antiga canta. O hífen cassou o grandão nesses casos. Agora, só o pequenino tem vez: *trecho Brasília-São Paulo; voo Nova York-Tóquio; ponte Rio-Niterói; circuito Paris--Roma-Londres; Liberdade-Igualdade-Fraternidade* etc.

Atenção, marinheiro de poucas viagens, o travessão só perdeu essa função. As demais mantêm-se intocadas, como no caso de introduzir diálogos, dar destaque a termos da frase, substituir os dois-pontos ou a vírgula.

39 MAL OU MAU, EIS A QUESTÃO

O mal-amado da moda? É o mau humor. Em tempos de crise, sobram razões para a cara amarrada. Dinheiro curto, medo de demissão, adiamento de sonhos & cia. indesejada lembram que o mar não está pra peixe. Sobram, por isso, criaturas de mal com a vida. Como não ser uma delas? Há jeitos. O melhor: enxergar o lado divertido das coisas. E rir. Rir muito. Rir de si e dos demais.

As pessoas de bem-estar elevado são tolerantes. Admitem e desculpam falhas em si e nos outros. Por isso têm grande capacidade de mudança. Aceitam novidades. Adaptam-se sem brigar nem sofrer. São como água corrente – molinha, fresca e límpida. Diferentes da água estagnada – malcheirosa e foco de mil e um males.

Reparou? Tratar do senso de humor exige algo mais que psicologia – exige conhecimento de manhas da grafia. Mais especificamente: do uso de *mau* e *mal*. As duas palavras gozam de nós. Soam do mesmo jeitinho, mas se escrevem de forma diferente. E têm significados diferentes.

Mau ou mal? Depende. *Mau* é contrário de bom. Na dúvida, faça a substituição. Você acertará sempre: *mau humor (bom humor); mau digitador (bom digitador); mau tempo (bom tempo); homem mau (homem bom).*

Vacilou? Lembre-se da rima: "Eu sou o lobo mau (bom), lobo mau, lobo mau / Eu pego as criancinhas pra fazer mingau". Uau! Mau e mingau jogam no mesmo time.

Mal, por sua vez, é o oposto de *bem.* Com ele, também vale a regra do troca-troca: *mal-humorado (bem-humorado); mal-estar (bem-estar); mal-agradecido (bem-agradecido). A tuberculose foi o mal (bem) do século passado. Não há bem que sempre dure, nem mal que nunca se acabe.*

É isso. Com o macete, adeus, razões para estar de mal com a língua! Adeus, língua que fala mal do mal e do mau!

40 OS AFINS NEM SEMPRE ESTÃO A FIM

Beatriz morre de preguiça de escrever. Quando tem de dar um recado, não pensa duas vezes. Telefona. Adora ouvir a voz dos amigos no outro lado da linha. Mas as ligações ficaram caras. O dinheiro, curto. O pai, durão. Bate pé e nega aumento de mesada. E daí? Sem saída, a alternativa da moça é uma só: economizar.

Mas eis que Beatriz encontrou o grande amor. Bonito, charmoso e delicado, o rapaz tem uma mania: adora mandar e-mails. Ela os responde com cuidado. Sabe que vão longe os tempos em que o amor era cego. Hoje, enxerga com lentes de aumento. Uma letra posta fora do lugar pode matar o sonho mais longamente acalentado.

Outro dia, o gatão mandou-lhe um bilhete eletrônico. Nele, o convite para um cineminha. Ela ia responder que não estava... ops! A fim ou afim? Mudou a frase. Mas a dúvida criou raízes. Passado o sufoco, consultou a gramática. Lá estava a resposta.

A palavra *afim* não se escreve coladinha por acaso. É que os iguais se atraem. *Afim* significa "que tem afinidade, semelhança": *Evo Morales e Hugo Chávez têm ideias afins. História e Literatura são matérias afins. O espanhol é língua afim ao português. Cunhado é parente afim.*

A *fim*, desse jeito, um pedaço cá e outro lá, faz parte da locução *a fim de*. Quer dizer "para": *Saiu cedo a fim de (para) ir ao cinema. Mandou e-mail a fim de (para) agendar consulta na Receita Federal. Tirou férias a fim de (para) estudar para o concurso.*

Na linguagem da brotolândia, *a fim* ganha sentido coloquial. Vira "com vontade de", como se lê no diálogo de Rafael e João Marcelo:

— Rafael, vamos bater uma bolinha hoje?

— Não estou a fim. Que tal uma azarada no shopping?

— Agora, quem não está a fim sou eu. Fica pra próxima.

Viu? O bate-papo dos garotos tem tudo a ver com a dúvida da Beatriz. Ela não estava a fim.

41 VIAJEM E FAÇAM BOA VIAGEM

Água parada apodrece, dizem os louquinhos por mudanças. Para eles, eleição é festa. A cada dois anos, abrem-se possibilidades para caras novas. O verbo eleger entra em cartaz. Não é por acaso. Adepto do troca-troca, ele mascara a aparência. A letra G, como quem não quer nada, vira J.

A razão é simples. Em todos os tempos e modos, a pronúncia tem de ser gê. Mas, quando o G é seguido de A ou O, ocorre a confusão. Soa ga, go (elego, elega). O jeito é apelar para o J: *eu elejo, ele elege, nós elegemos, eles elegem; que eu eleja, ele eleja, nós elejamos, eles elejam.*

Eleger não joga no time do eu-sozinho. Tem companheiros. Entre eles, o agir. O verbo que manda pôr a mão na massa impõe a pronúncia gê. Para chegar lá, só há um jeito – pedir socorro ao J: *eu ajo, ele age, nós agimos, eles agem; que eu aja, ele aja, nós ajamos, eles ajam.*

Ops! Olha a cola. Em eleger e agir, o troca-troca se dá por causa da pronúncia. Não é o caso de viajar.

Ele tem J no radical. Seguido por qualquer vogal, o J mantém o som. Por isso, viajar se conjuga sempre com J: *eu viajo, ele viaja, nós viajamos, eles viajam; que eu viaje, ele viaje, nós viajemos, eles viajem.*
Apesar da lógica, a forma *viajem* (que eles viajem) sofre agressões impiedosas. Muitos, mas muitos mesmo, escrevem-na com G. Tropeçam. *Viagem* é substantivo. O nome não tem nada a ver com o verbo. Um pertence a uma classe. O outro, a outra: *agência de viagem; viagem ao Rio; preparativos para a viagem.*
Bateu a dúvida? Banque o esperto. Recorra a macete pra lá de conhecido. Ponha a palavra no plural. Se ela joga na equipe de *homens* e *jovens*, não duvide. Você está às voltas com o substantivo. Veja: Eles querem pôr o pé na estrada? Que ponham. Viajem e façam boa viagem. (Viajem e façam boas viagens.) Amém!

42 DEMAIS NÃO É DE MAIS

Eta dor de cabeça! Dúvidas sobre a grafia não dão folga. O dicionário quebra o galho. Sem ele por perto, o jeito é buscar saídas. Uma delas: trocar seis por meia dúzia.

A língua é um conjunto de possibilidades. A melhor: descobrir a manha das palavras. Nem todas revelam os mistérios. Mas algumas abrem o jogo. É o caso de *mas* e *mais*, *demais* e *de mais*. Vamos lá?

Mas significa "porém, todavia, contudo, no entanto, entretanto": *Tirei boas notas, mas (porém) não consegui me classificar. Lula viaja muito, mas (no entanto) não se cansa. Ele trabalha pouco, mas (contudo) ganha muito.*

Mais é o contrário de *menos*: *Trabalho mais (menos) que ele. Se pudesse, viajaria mais (menos). Um mais um é igual a dois. É isso: sem mais nem menos.*

Demais e *de mais* têm uma semelhança. São formadas pelas mesmas palavras (de + mais). Mas exprimem ideias diferentes:

Demais significa "demasiadamente": *Comeu demais. Trabalha demais. Estava nervoso demais.*

De mais, assim separadinho, quer dizer "a mais", o contrário de *de menos*: *Na confusão, recebi troco de mais (de menos). Ele escreveu palavras de mais (de menos). No pacote, veio um livro de mais (de menos).*

Na dúvida, tire a prova dos noves:

Se der para trocar *de mais* por *de menos*, use a expressão separada: *Até aí, nada de mais* (nada *de menos*).

Se der para usar *muito*, o lugar é do *demais*: *Ela fala alto demais* (fala *muito* alto).

Não seja afetado. A substituição tem de soar natural. Nada de forçar a barra.

43 CERCA É FLEXÍVEL COMO CINTURA DE POLÍTICO

Ser flexível é pra lá de bom. A gente se adapta com facilidade e experimenta coisas novas. Há palavras que sabem disso. A palavra *cerca* serve de exemplo. Com a mesma cara deslavada, pode ser verbo, substantivo ou advérbio. E, com uma letra a mais, vira preposição. Para saber qual é a dela, só há uma saída: prestar atenção à frase em que a camaleoa aparece.

O verbo não dá trabalho. *Cerca*, com a pronúncia aberta (é), é a terceira pessoa do singular do presente do indicativo de *cercar* (eu cerco, tu cercas, ele cerca): *Paulo cerca o sítio com arame farpado.*

O rolo se arma com as outras acepções. A causa da confusão é a crase. Quando usá-la? Como substantivo, *cerca* recebe tratamento igual ao dispensado a seus irmãozinhos. Aceita o artigo (a cerca). Por isso, pode vir antecedido de crase: *Dirigiu-se à cerca do vizinho. Foi à cerca da casa do irmão para medir o terreno.*

Na dúvida, aplique o velho truque. Substitua a palavra feminina (no caso, *cerca*) por uma masculina (não precisa ser sinônima). Se na troca aparecer *ao*, não duvide. Ponha crase no *a*. Veja a aplicação da mágica nas frases anteriores: *Dirigiu-se ao terreno do vizinho. Foi ao jardim do irmão para medir o terreno.* Quando advérbio, *cerca* significa "aproximadamente". Aí, nada de crase. Por quê? Advérbio não se usa com artigo: *Daqui a cerca de (aproximadamente) duas horas, ele vai chegar. Maria saiu há cerca de (aproximadamente) 10 minutos.*

Ops! E o *acerca*? É moleza que só. Quer dizer "sobre", "a respeito": *Esta superdica cerca as dificuldades acerca de questão que dá nó nos miolos há cerca de mil anos. Com a cerca, a alternativa é uma só – acertar ou acertar.*

44 AO ENCONTRO SE OPÕE A DE ENCONTRO

De encontro? Ao encontro? Cuidado! As duas expressões se parecem, mas não se confundem. Uma é o contrário da outra. Trocar as bolas só traz prejuízo. Exemplos não faltam. Na campanha para a reeleição do então presidente Fernando Henrique Cardoso, o programa sobre os avanços da educação foi o ponto alto. Depois de mostrar escolas que fazem inveja à Suécia e à Dinamarca, o ministro da pasta disse: "A educação vai de encontro às expectativas da sociedade". Dizem que FHC não perdeu a eleição naquele momento porque era sábado. Os eleitores estavam com os sentidos distraídos pela caipirinha e pela feijoada.

Mais um exemplo? Você manda. O amado chega para a amada. Voz embargada de paixão, sussurra-lhe ao ouvido: "Você veio de encontro aos meus sonhos". Dita a insânia, só lhe restam duas esperanças. Uma: que a bela seja surda. A outra: que se faça de surda. Afinal, o coração tem razões que a própria razão desconhece. Mas é bom não facilitar.

A psicologia amorosa avança dia após dia. Última descoberta: o amor é cego, mas não é surdo.

De encontro a significa "contra", "no sentido contrário", "em contradição": *O carro foi de encontro à árvore. A reforma da Previdência vai de encontro aos interesses dos funcionários públicos; dos inativos, então, nem se fala. A queda do dólar vai de encontro às expectativas dos exportadores.*

Ao encontro de joga em outro time. Quer dizer "em favor de", "na direção de": *O pai caminhou ao encontro do filho. A iniciativa do governo vai ao encontro da necessidade dos sem-teto. A redução no preço da gasolina viria ao encontro do bolso dos consumidores.*

Moral da história: parecido não é igual. Mas confunde.

45 EM VEZ DE PODE SER AO INVÉS DE

Maria concluiu o curso de Direito. Recebeu o canudo e partiu para a luta. Teve sorte. Nos classificados, uma grande empresa recrutava advogados. Ela mandou o currículo. Poucos dias depois, recebeu o convite para uma entrevista.

Elegante, maquiagem discreta e cabeça cheia de ideias, lá foi ela, feliz da vida. No bate-papo com o examinador, foi curta e grossa:

— Ao invés de salário alto, luto por boas condições de trabalho e aperfeiçoamento profissional.

Cala-te, boca. Dizem que só doze pessoas sabem o significado de *ao invés de*. Uma delas é o examinador. Aí, não dá outra. Adeus, oportunidade! Adeus, sonhos longamente acalentados! Adeus, adeus, adeus!

Como evitar a esparrela? Só há um caminho – entender as manhas das duas locuções. Uma: *ao invés de*. A outra: *em vez de*. Embora parecidas, elas são ilustres estranhas. A semelhança funciona como armadilha que pega os desavisados pelo pé. Para não cair na cilada, guarde isto:

Ao invés de significa "ao contrário de". É contrário mesmo, oposição: *Saiu ao invés de ficar em casa. Comeu ao invés de jejuar. Há religiões que pregam a morte ao invés de pregar a vida.* Nas demais acepções, não vacile. Use *em vez de.* As três palavrinhas querem dizer "em lugar de", "em substituição a": *Comeu frango em vez de peixe. Em vez de ir ao teatro, foi ao cinema. Convidou Paula em vez de Célia.*

Eis o recado que Maria quis dar.

— Em vez de salário alto, luto por boas condições de trabalho e aperfeiçoamento profissional.

Vamos combinar? Salário alto não é o contrário de boas condições de trabalho e aperfeiçoamento profissional. Concorda? Deixe o *ao invés de* pra lá. A locuçãozinha *em vez de* o substitui com galhardia. Ela vale por dois: *Comeu em vez de jejuar. Em vez da carta, o carteiro entregou o pacote.*

46 MANTENHA O MORAL ALTO

O moral? A moral? As duas palavras estão em todos os dicionários. Escrevem-se do mesmo jeitinho. Mas o gênero faz a diferença. Uma é macha. A outra, fêmea. Muita gente não sabe disso. Na maior ingenuidade, mistura Germano com gênero humano. O resultado é um só. Pensa que está dando um recado, mas dá outro. Pior: não dá recado nenhum. Deixa o leitor a ver navios.

A juventude dificilmente fala em *o moral*. Rapazes e moças preferem dizer astral. Há pessoas que têm alto astral. Outras, baixo astral. É o mesmo que o moral alto e o moral baixo. No masculino, a dissílaba indica estado de espírito, disposição de ânimo. Quer moral mais baixo que o do goleiro que leva frango? Nem precisa ser jogo decisivo. Vexame é vexame em qualquer partida.

Como fica o moral do chefão filmado no momento em que recebe propina? Ou da criatura apanhada com a cueca cheia de dólares? Ou do marido surpreendido com outra na cama do casal? Ou da dona de casa que serve feijoada para os convidados muçulmanos na feliz ignorância de que eles não comem carne suína? Convenhamos: o moral despenca. Atravessa o centro da Terra. E se enfia lá dentro. Quando o fiasco cai no esquecimento, o ressabiado reaparece. Devagarzinho, vai subindo. Com o empurrãozinho da sorte, alça voos. Oba! Chega ao cume. Lá nas alturas, outra personagem entra em cartaz. É a moral. A meninada não tem paciência com a feminina que tem complexo de Deus. Quando ouve bronca, sai com esta:

— Ih! Lá vem lição de moral.

A moral quer dizer "norma de conduta", "moralidade". É coisa de mãe. Nessa acepção, só o feminino tem vez. Aprecie: *A moral nacional depende da cultura de cada povo. Você sabe qual a moral da fábula A raposa e as uvas? Afinal, aonde você quer chegar? Qual a moral da história?*

Resumo da opereta: falou em astral? Dê vez ao masculino (o moral). Falou em conduta? O feminino pede passagem (a moral). Bem-vindos.

47 MILHÃO É MACHINHO E NÃO ABRE

Mário trabalhou duro. Andou em ônibus lotados. Atendeu dezenas de telefonemas. Enfrentou clientes mal-humorados. Gastou saliva para atingir a cota imposta pela empresa. Ufa! Missão cumprida, tomou o rumo de casa. Primeira providência: tirou os sapatos. Depois, vestiu bermuda e camiseta. Cervejinha na mesa, sentou-se no sofá e ligou a TV. A repórter, microfone na mão, informou:

— Foram processadas mais de duas milhões de declarações do Imposto de Renda.

Mário estremeceu. Nos tempos em que professor ensinava e aluno aprendia, ele gravou uma verdade incontestável. *Milhão* é machinho da silva. Masculino convicto, não muda de sexo nem com reza braba. Como qualquer substantivo, obriga o numeral a concordar com ele: *dois meninos; duas meninas; um milhão de crianças; dois milhões de crianças.*

Sem desconfiar do crime de leso-sexo, a repórter falava que falava. E o feminino ali, maltratando os ouvidos. A jovem esqueceu (ou nunca aprendeu) o gênero de milhão. Para respeitar a palavra e a língua, a moça deveria ter dito:

— Foram processados mais de dois milhões de declarações do Imposto de Renda.

Milhar, bilhão, trilhão e outros *ões* são gêmeos do milhão. Cúmplices, jogam no time do paletó e gravata: *Dirigiu-se aos milhares de crianças que foram ao show. Dois milhares de mulheres dão à luz todos os dias em hospitais públicos. Os bilhões de moedas estão guardados nos cofres do Banco Central. Os trilhões de películas terão o mesmo destino.* Superdica: na dúvida, seja esperto. Substitua o dois por um. Ninguém diz "uma milhão" de pessoas. Nem "uma milhar de crianças". Nem "uma bilhão de moedas". Nem "uma trilhão de películas". Viu? O diabo não é perigoso por ser diabo. É perigoso por ser esperto.

48 PARA NÃO PERDER UM GRANDE AMOR

Certas expressões pegam. Espalham-se como fogo morro acima ou água morro abaixo. Os jornais as escrevem. A TV nos bombardeia com elas. Personagens da novela as repetem. Entrevistados as esbanjam. Enfim, caem na boca do povo. Uma delas é "a nível de". Essa praga não pertence à ilustre família portuguesa. Mas, de tanto ser ouvida, parece criatura de carne e osso.

Enganadora, dá a impressão de que merece nota 10. Trata-se de truque para pegar os desavisados. Resultado: no rádio, na tevê, nos discursos em plenário, na conversa dos amigos, sobressaem frases como "Faço um curso a nível de pós-graduação"; "A decisão foi tomada a nível de diretoria"; "O projeto ainda está a nível de papel".

Nem o Itamaraty escapou da desfaçatez. Outro dia, na festa elegante, diplomata de poucas viagens mas muita sedução perguntou à Célia, colega de turma: "A nível de doce, o que você prefere?". Até hoje o afetado espera a resposta.

Acredite: *a nível de* não existe. Xô! O que há é *ao nível de* e *em nível de*. As duas expressões se parecem. Mas não se confundem. Olho vivo!

Ao nível de significa "à altura de": *Recife fica ao nível do mar. O cargo de Maria está ao nível do de Luís. A obra está ao nível do gabarito.*

Em nível de quer dizer "no âmbito de": *Faço um curso em nível de pós-graduação. A decisão foi tomada em nível de diretoria. O processo se encontra em nível administrativo.*

Quer uma superdica? A expressão *em nível de* existe, mas é dispensável. Como tudo que é dispensável, sobra. Livre-se dela. A frase ganha em concisão e elegância: *Faço um curso de pós-graduação. A decisão foi tomada pela diretoria. O processo se encontra na administração.*

É isso. A língua é um sistema de possibilidades. Democrática, dá liberdade de escolha. Podemos dizer a mesma coisa de diferentes maneiras. A mais curta e enxuta ganha disparado.

49 NÃO PONHA CALDA NA CAUDA DO PIANO

Maldade e saudade. Pronuncie as duas palavras em voz alta. Reparou? Elas soam do mesmo jeitinho. A letra L no fim da sílaba se confunde com o U. É aí que mora o perigo. Gente boa costuma escrever uma letra em lugar de outra. Vítimas não faltam. Uma delas é *cauda*.

O trecho a seguir, extraído de coluna social, serve de prova: "Apelar para o longo também não tem nada a ver. Se esse longo tiver calda, então, valha--me, Deus!". Leitores ficaram encucados. Como um vestido poderia ter calda? Estaria pincelado com chocolate, morango ou baunilha? Sabe-se lá.

Fato parecido aconteceu em páginas de outro jornal. A matéria tratava de óperas e concertos. Lá pelas tantas, apareceu esta: "O solista tocará o piano de calda do Teatro Municipal". A dúvida bateu. A cauda do piano armazenaria calda de doce para deliciar os intervalos? Nestes tempos modernos, tudo é possível.

Viu a confusão? No fim da sílaba, a pronúncia do L e do U os faz parecer gêmeos univitelinos. É difícil distinguir um do outro. Ao escrever, não dá outra. Confunde-se uma letra com a irmãzinha. E daí? A alternativa é ir ao dicionário. Ali está a grafia nota 10:

Cauda é o rabo do cachorro, do gato, do peixe e da bicharada em geral. É, também, a parte do vestido que se arrasta atrás. Ou o prolongamento traseiro do piano. E por aí vai. No fundo, no fundo, os significados têm um denominador comum – o alongamento traseiro.

Calda é o sumo gostosinho fervido com açúcar e água. Quem resiste a uma calda de chocolate quentinha sobre o sorvete? Só louco. Ou quem acredita que o bom engorda, faz mal ou é pecado. Xô!

50 TAXAR PODE SER TACHAR

As palavras são enganosas. Às vezes parecem ser o que não são. É o caso de *intempestivo*. O vocábulo não tem nada que ver com temperamental. Refere--se a tempo, prazo. Os advogados o usam a torto e a direito. Volta e meia, lá está a declaração: "O recurso foi apresentado de forma intempestiva" (fora do prazo).

Outras vezes, são o que parecem não ser. Vale o exemplo de *taxar*. Seu significado vai além de "tributar". Atrevido, o verbo avança no território do *tachar*. Aí, quer dizer "avaliar", "julgar", "qualificar": *Taxou a apresentação de perfeita; Taxou-o de ignorante.*

Certa vez, perguntaram ao professor Aires da Mata Machado o porquê da ousadia. Ele ensinou: "O nó da questão está na etimologia e na semântica dos vocábulos. 'Taxar' é regular o preço de alguma coisa. Daí avaliar, julgar. Assim, examinando o procedimento de alguém, posso taxá-lo de exemplar ou de incorreto.

"'Tachar' vem de 'tacha', que quer dizer 'manchar', 'pôr defeito'. Explica-se, pois, a mistura de águas nas vertentes semânticas dos dois vocábulos. É erro dizer tachar de bom um trabalho. Mas tanto se pode dizer taxar de bom como taxar de mau. Ambos os verbos significam, ao cabo de contas, o resultado de um julgamento".

Mas há um porém. A língua é como a mulher de César. A poderosa senhora, dizia-se em Roma, não só tinha de ser honesta. Precisava parecer honesta. A palavra não só tem de ser correta. Tem de parecer correta. É senso comum considerar o verbo taxar o ato de cobrar *taxa*. E *tachar*, "avaliar", "considerar". Assim: *O diretor tachou o auxiliar de preguiçoso. O governo taxa pesadamente o contribuinte.*

Vamos combinar? No dia a dia, siga a maioria. Em provas, vestibulares e concursos, faça valer seus direitos. Se você perder pontos ao usar *taxar* como o dicionário abona, recorra. Com uma certeza – o que é seu ninguém tasca.

51 FOCINHO DE PORCO NÃO É TOMADA

Parecido não é igual. Na dúvida, lembre-se da tomada e do focinho de porco. Ambos são salientes e têm buracos. Mas um dá choque. O outro cheira. Confundi-los acarreta problemas. Na língua também há tomadas e focinhos de porco. Trata-se de palavras que, na aparência ou na pronúncia, são quase iguais. Mas uma não conhece a outra nem de elevador.

É o caso de *hora* e *ora*. É o caso, também, de *ó* e *oh!*. Na hora de falar, ninguém pensa na escrita. É que a pronúncia de uma é a mesma da outra. Mas, na hora de escrever, pinta a confusão. São duas grafias. E dois sentidos. Quando usar uma ou outra palavra? Decifre o enigma. Desvendado o mistério, você não vai cair na esparrela de trocar as bolas.

> **Hora × ora**
>
> ***Hora*** significa "60 minutos": *A velocidade máxima permitida na via é de 60 km por hora. Ganho R$ 50,00 por hora de trabalho. Quando divertir-se? A qualquer hora. Afinal, toda hora é hora.*
>
> ***Ora*** quer dizer "por enquanto", "por agora": *Por ora, a velocidade máxima permitida é de 80 km por hora. O governo não pretende, por ora, privatizar as universidades federais. Lamento, mas, por ora, nada posso fazer.*

Viu? O H é letra muda. Não fala, mas tumultua. Hora e ora que o digam.

> **Oh! × ó**
>
> O **ó** aparece no vocativo, quando nos dirigimos a alguém: *Deus, ó Deus, onde estás que não me escutas? Até tu, ó Brutus, meu filho? Seu pai morreu? Morreu para você, ó filho ingrato.*
>
> O **oh!** é interjeição. Tem vez quando a gente fica de boca aberta de admiração ou espanto: *Oh! Que linda voz! Oh! Que trapaceiro! Quem diria, hem? Oh! Que surpresa! Ó Paulo, não entendi seu oh! de espanto. Pode me explicar?*

É isso. Na dúvida, não confie no ouvido.

52 AS MAIÚSCULAS PEDEM PASSAGEM

Senhoras e senhores, abram alas, que as grandonas pedem passagem. Elas são as maiúsculas. O nome veio do latim. Na língua dos Césares, *majusculus* quer dizer "um tanto maior". *Maioral, maioria, maioridade, major, majoritário, majorar* pertencem à mesma família. Todos são aparentados com maior. Por isso, têm complexo de Deus. Se deixar, ocupam um senhor espaço. Manda o bom-senso pôr-lhes o pé no freio. Para dar-lhes um chega pra lá, dois princípios se impõem. Um deles: só as use nos casos obrigatórios. O outro: não as empregue para valorizar ou destacar ideias. Maiúsculas devem ser as ideias, não as letras. Dê a vez às grandonas:

> **1.** Nos nomes próprios reais ou fictícios: *Rafael*; *João da Silva*; *Branca de Neve*; *Europa*; *França*; *Bahia*; *Maputo*; *Atlântida*; *Renascimento*; *Idade Média*; *Região Norte*;

2. No primeiro elemento do título de livros (escrito em itálico): *O tempo e o vento*; *Memórias póstumas de Brás Cubas*; *Vocabulário ortográfico da língua portuguesa*;

3. No nome que designa instituição: *Presidência da República*; *Poder Judiciário*; *Ministério da Educação*;

4. No nome de impostos e taxas: *Imposto de Renda*; *Imposto Predial e Territorial Urbano*; *Taxa do Lixo*;

5. Nos atos de autoridades quando especificado o número ou o nome: *Lei 2.346*; *Medida Provisória 242*; *Decreto 945*; *Lei Antitruste*.

O ato perde a majestade em dois casos. Um: depois da primeira referência. O outro: na ausência do número ou do nome: *A medida provisória trata do Plano Real*;

6. Nas palavras Estado (país, nação), União e Federação (associação de estados): "A sociedade controla o Estado"; "A Constituição enumera as competências da União"; "Impõe-se preservar a Federação";

7. Nas datas comemorativas e nome de festas religiosas: Sete de Setembro; Proclamação da República; Dia das Mães; Natal.

Alerta! Nomes de dias, meses, estações do ano e festas pagãs não têm privilégios: *Se o carnaval cair em fevereiro, vou desfilar em escola de samba. Espero que seja no sábado.*

53 NOMES PRÓPRIOS VIRAM COMUNS

Mudar é bom? Os mesmeiros dizem que não. Preferem deixar tudo como está para ver como é que fica. Os adeptos da transformação, por seu lado, inspiram-se na natureza. Citam o suceder do dia e da noite, das estações do ano, das fases da lua. Citam, também, o ciclo da vida humana – nascemos, crescemos, morremos. No percurso, quem não andava anda, quem não falava fala, quem tomava só leite passa a comer cereais, carnes, frutas e verduras.

A língua joga no time dos mutantes. Instrumento de comunicação das pessoas, muda de acordo com o avanço do tempo e as circunstâncias dos falantes. Concordâncias, regências, colocações, significados trocam o passo conforme a música. A grafia não fica atrás. Maiúsculas e minúsculas servem de exemplo.

Os nomes próprios se escrevem com inicial grandona. É o caso de João, Maria, José, Pará, Colônia, Brasil. Às vezes, porém, eles entram na composição de substantivos comuns. O resultado não poderia ser outro. Perdem o pedigree e tornam-se vira-latas:

118

joão-de-barro; joão-doido; joão-ninguém; joão-teimoso; josé-mole; castanha-do-pará; castanha-da-índia; castanha-da-áfrica; água-de-colônia; bambu-da-china; pau-brasil; banho-maria; maria-sem-vergonha; maria-preta; maria vai com as outras. Norte, Sul, Leste, Oeste, Nordeste, Ocidente, Oriente, quando aparecem majestosamente solitários, são nomes próprios. Mas, se definem direção ou limite geográfico, cessa tudo que a musa antiga canta. As moçoilas põem o rabinho entre as pernas e entram na vala comum: *O leste dos Estados Unidos tem grande influência latina. O carro avançava na direção sul. Cruzou o país de norte a sul, de leste a oeste. Oriente e Ocidente se encontraram no século XX. O oriente asiático, porém, ainda guarda muitos mistérios.* É isso. Na língua, quem foi rei perde a majestade sim, senhor.

54 CONHEÇA A FAMÍLIA RAPIDINHA

Conhece a família dos impacientes? *Abreviar* é um dos seus membros. *Breviário*, outro. *Abreviatura*, mais um. Todos são filhos do mesmo pai, o senhor *breve*. A dissílaba significa "de pouca duração" ou "de pouca extensão ou tamanho". Opõe-se a comprido, extenso, prolixo.

Se o falante tem ânsia de brevidade, a língua não o deixa na mão. Colabora. Por isso, inventou a abreviatura. Reduz um palavrão a poucas letras. *Doutor* vira *dr*. *Apartamento, ap. Quilômetro, km*. Mas a ajuda tem preço. São as regras para usar as pequeninas. A mais importante: ter pena do leitor. A redução precisa ser familiar, facilmente entendida.

Não só. As abreviaturas formadas pela diminuição de palavras têm três manhas. Uma: exigem o ponto final. A outra: não abrem mão do S do plural. A última, mas igualmente importante – mantêm o acento original: *capítulo* (*caps.*); *companhias* (*cias.*); *páginas* (*págs.*); *século* (*séc.*); *código* (*cód.*).

120

Tal como na vida, na língua há os privilegiados perante a abreviatura. É o caso dos símbolos de hora, minuto, segundo, metro, quilo, litro e respectivos derivados (quilômetro, mililitro). Eles são sem-sem – sem o ponto abreviativo e sem o S indicador de plural: *5h30*; *3h30min14*; *4,5 m*; *20 kg*; *10 ml*. Pragas aparecem de vez em quando. A mais recente atingiu a nobre figura do professor. Os manuais dizem que a abreviatura do mestre é *prof.* Mas, por alguma razão alheia à vontade de Deus e dos homens, começaram a brindá-lo com um "ozinho" (prof.º). O intruso aparece até em cartazes de faculdade. É a receita do cruz-credo.

A língua detesta redundância. O masculino não precisa do O. O feminino, sim, pede A. O plural, S. Compare: *professor* (*prof.*); *professores* (*profs.*); *doutor* (*dr.*); *doutores* (*drs.*); *professora* (*profa.*); *doutora* (*dra.*); *professoras* (*profas.*); *doutoras* (*dras.*).

55 PONHA AS SIGLAS NOS TRILHOS

As siglas não dão folga. Você abre o jornal, lá estão elas. Liga a TV, não dá outra. Conversa com os amigos, as danadinhas aparecem. É ONU pra lá, PT pra cá, PM, UTI, Embratur pra acolá. O Programa de Aceleração do Crescimento perdeu o tamanhão original. Virou PAC.

Até as pessoas se transformam em siglas. É o caso de FHC. Fernando Henrique Cardoso governou o Brasil de 1994 a 2002. Em oito anos, fez e aconteceu. ACM também ganhou redução. Antônio Carlos Magalhães, o rei da Bahia, foi-se, mas deixou herdeiro. ACM Neto exibe sigla com sobrenome.

Se as siglas fazem parte da vida, não adianta bancar o cego. O jeito é aprender a lidar com elas. Como escrevê-las? Todas as letras maiúsculas? Com ponto ou sem ponto entre as letras? Com o S de plural ou não? O *Vocabulário ortográfico* não ajuda. Diz que devem ser grafadas conforme estão reguladas. É o caso, então, de visitar o *site* de cada uma e ver-lhe a cara. Complicado, não? Jornais, revistas, empresas adotaram norma mais simples e mais discreta. Usam todas as letras maiúsculas:

1. Se a sigla tiver até três letras: *Organização das Nações Unidas (ONU); Caixa Econômica Federal (CEF); Ministério da Educação (MEC); unidade de terapia intensiva (UTI); Polícia Militar (PM)*.

2. Se todas as letras forem pronunciadas: *Instituto Nacional de Seguridade Social (INSS); Banco Nacional de Desenvolvimento Econômico e Social (BNDES); Conferência Nacional dos Bispos do Brasil (CNBB)*.

Nos demais casos, só a inicial é grandona: *Departamento de Trânsito (Detran); Organização dos Países Exportadores de Petróleo (Opep); Organização do Tratado do Atlântico Norte (Otan)*. Atenção, gente fina. Escreva os serezinhos sem ponto. Se estiverem no plural, o S minúsculo pede passagem: PMs; Detrans; UTIs. Viu? Sem apóstrofo, porque português não é inglês.

56 NA LÍNGUA HÁ PENETRAS

Estrangeirinha, para que te quero? Para me ajudar na comunicação. Às vezes, o português não tem a palavra capaz de expressar o que tenho em mente. É o caso de marketing. Marketing só pode ser marketing. Outras vezes, há o vocábulo 100% nacional, mas ninguém o usa. Quem conhece *balípodo*? Pois é futebol.

Ora, se não tenho uma palavra portuguesa, ou se a portuguesa soar artificial ou estranha, só há uma saída. Pedir socorro a outras línguas. Pode ser francês, inglês, alemão, italiano, árabe, japonês. Como lidar com as turistas?

Se escritas na língua original, respeite-lhes a grafia. É o caso de *show, shopping, stand by, hardware, apartheid, zoom, slide, holding, marketing, joint venture, outdoor, funk*. Pra lá de familiares, elas não precisam de destaque – aspas ou grifo, como fizemos.

Não empregue no idioma original palavras que estão aportuguesadas. São os estrangeirismos familiares – os que viraram feijão com arroz. Aí perdem a cara de fora e tornam-se gente nossa. Veja exemplos: uísque, não *whisky*; conhaque, não *cognac*; recorde, não *record*; chique, não *chic*; futebol, não *football*; caratê, não *karate*; cachê, não *cachet*; gangue, não *gang*; piquenique, não *picnic*; tarô, não *tarot*; videopôquer, não *videopoker*. Dê preferência à palavra vernácula. O equivalente em português (quando não for esquisito) é preferível ao estrangeirismo: cardápio, não *menu*; pré--estreia, não *avant-première*; escanteio, não *corner*; pesquisa, não *enquete*; cavalheiro, não *gentleman*; frequentador, não *habitué*; senhora, não *madame*; encontro, não *meeting*; senhor, não *mister*; primeiro--ministro, não *premier*; assalto, não *round*; padrão, não *standard*; fim de semana, não *weekend*; desempenho, não *performance*.

57 ESTRANGEIRO FICA NO MEIO DO CAMINHO

Filho de peixe peixinho é? É. A hereditariedade não pesa só nos reinos animal e vegetal. Pesa também no linguístico. Por isso, as palavras derivadas seguem as primitivas. Sem vacilar, ficam no encalço de pai e mãe. Se a primitiva se escreve com S, a derivada não hesita. Vai atrás. Se com Z, X, CH ou qualquer outra letra, também. Pode ser adjetivo, verbo, substantivo. A regra vale para todos. Exemplos não faltam. Exibem-se para quem tem olhos para ver.

atrás	atraso, atrasar, atrasado, traseiro
charco	encharcar, encharcado
cheio	encher, enchente
enxuto	enxugar, enxugado, enxugador, reenxugar
fazer	fazedor, fiz, fez
paralisia	paralisar, paralisante, paralisação

A origem é levada tão a sério que nem os nomes estrangeiros escapam. Mas lidar com eles exige algo

126

mais que o respeito à família. Os importados ficam no meio do caminho. Têm um olho na nacionalidade. O outro, na língua portuguesa. Em outras palavras: respeitam a grafia original. Depois, acrescentam os sufixos ou prefixos como se a palavra fosse 100% nacional.

O resultado é híbrido – meio estrangeiro, meio português. Mas tem seu charme. Veja:

Freud	freudiano
Weber	weberniano, pré-werberiano
Kant	kantiano, pós-kantismo
Shakespeare	shakespeariano
Hobbes	hobbesiano
Taylor	taylorismo
Hollywood	hollywoodiano
Marx	marxista
Spielberg	spielberguismo, spielberguiano
Byron	byronismo, byroniano
Bach	bachianas
Sarney	sarneysismo
Thatcher	thatcherismo
windsurf	windsurfista

Percebeu? A estrutura original do vocábulo permanece. Ela transmite o significado da palavra. É como o sobrenome. Com ele se identifica a família.

58 SEJA SERIÍSSIMO, POR FAVOR

A moçada saíra do vestibular. Mil vozes falavam ao mesmo tempo. Discutiam uma questão que encucou a todos. Trata-se do grau do adjetivo. A pergunta exigia conhecimento de forma pra lá de sofisticada. Nada menos que o superlativo de "sério" e "cheio". O nome está dizendo. É super, máximo, intenso como paixão na adolescência.

Rapazes e moças lembraram-se das aulas de Português. Naqueles dias idos e vividos, o professor falou no tal superlativo absoluto sintético. O danado é cheio de poder. Uma só palavra revela tudo. Basta um sufixo. Em geral, o -íssimo resolve (*belíssimo, limpíssimo, velhíssimo*). Mas há vocábulos que pedem outro (*facílimo, macérrimo, paupérrimo*). Outras têm duas formas. Uma popular (*negríssimo, docíssimo, nobríssimo*). Outra erudita (*nigérrimo, dulcíssimo, nobilíssimo*).

Uma das observações do mestre deixou a turma encantada pelo ineditismo. Referia-se ao supersuper: o superlativo que dobra o I. Coisa rara. Só cinco ou seis adjetivos têm esse poder. Quais? Os terminados em *-io* no masculino:

frio	friíssimo
macio	maciíssimo
necessário	necessariíssimo
precário	precariíssimo
sério	seriíssimo
sumário	sumariíssimo

Ops! A questão quis confundir a meninada. Junto com sério, introduziu cheio. Testou, assim, a malícia do candidato. Os adjetivos terminados em *-eio* são bivalentes. Podem ou não dobrar o I. Simples, preferem dispensar o charme. É o caso de cheio (*cheíssimo*) e feio (*feíssimo*).

59 ETA PLURAIZINHOS SOFISTICADOS

Os diminutivos são cheios de emoção. Deixam a razão pra lá e falam de carinho, amor, ódio, ironia. Exprimem a linguagem do coração. Chamar de livrinho um livro pequeno indica tamanho pequeno. Mas de amorzinho o gatão de 1,90 m e 150 kg denota afeto. Dizer que a garota é bonitinha não deve alegrá-la. Deu-se um jeitinho de afirmar que a coitada não é bonita.

Classificar alguém de professorzinho, doutorzinho ou empregadinho desqualifica o professor, o doutor e o empregado. Ofende-os. Se a gente adjetivar o substantivo, então, aumenta o poder da agressão. Quer algo mais pejorativo que advogadinho de porta de cadeia? Ou professorzinho do interior? Ou empregadinho de boteco? Mata sem dó.

A manha do cruel não fica por aí. Estende-se ao número. O plural das palavras que fazem o diminutivo com o acréscimo do sufixo -*zinho* tem exigências. Para chegar a ele, há que percorrer três etapas. A primeira: pôr a palavra primitiva no plural. A segunda: retirar o S. A última: acrescentar o sufixo -*zinhos*. Quer ver?

animal	animais, animaizinhos
bar	bares, barezinhos
botão	botões, botõezinhos
cão	cães, cãezinhos
colher	colheres, colherezinhas
homem	homens, homenzinhos
lençol	lençóis, lençoizinhos
mulher	mulheres, mulherezinhas
nuvem	nuvens, nuvenzinhas
pão	pães, pãezinhos
papel	papéis, papeizinhos
plural	plurais, pluraizinhos
portão	portões, portõezinhos
professor	professores, professorezinhos
virgem	virgens, virgenzinhas

É isso. O diminutivo enriquece a expressão. Mas não o faz de graça. Cobra caro. O percurso para chegar ao plural serve de prova. Ufa!

60 SOMOS POLIGLOTAS NA NOSSA LÍNGUA

É um susto atrás do outro. Mães e pais estão com o cabelo em pé. Por quê? Os filhos não desgrudam do computador. Passam horas trocando mensagens instantâneas pelo celular. Usam linguagem própria: abreviaturas estranhas, palavras inventadas – tudo aos pedaços, sem começo nem fim, sem pé nem cabeça. Bicho vira bx. Você, vc. Beijo, bj. O que fazer? Ler e escrever são habilidades. Nadar, correr e digitar também. Para se desenvolverem, exigem treino. Michael Phelps não ganhou medalhas de ouro. Conquistou-as. Foram milhares de horas de braçadas, outras tantas de musculação e não menos de renúncias. Hoje, ele se exibe de frente, de costas, de lado. Faz malabarismos dentro d'água. Pode tudo.

A aquisição da leitura e da escrita passa por processo semelhante. Quando se alfabetiza, a criança entra no universo da língua escrita. No começo, lê com dificuldade e escreve com (muitos) tropeços. À medida que se familiariza com esses, zês, jotas e agás, os enganos diminuem. A tendência é sumirem.

Parece milagre. Pirralhinhos de 8 e 9 anos grafam hospital com H. Desenho, com S. Cachorro, com CH e RR. Como chegaram lá? Não foi com o estudo da etimologia. Nem com regras ou palmatórias. A chave do êxito chama-se familiaridade. A criança vê a palavra. Fixa-a. E a reproduz. Daí a íntima relação entre a leitura e a escrita. Quanto mais se lê, melhor se escreve.

REFERÊNCIAS BIBLIOGRÁFICAS

ACADEMIA BRASILEIRA DE LETRAS. *Vocabulário ortográfico da língua portuguesa.* 5. ed. São Paulo: Global, 2009.

FERREIRA, Aurélio Buarque de Holanda. *Novo dicionário Aurélio da língua portuguesa.* Curitiba: Positivo, 2004.

HOUAISS, Antonio. *Dicionário Houaiss da língua portuguesa.* Rio de Janeiro: Objetiva, 2001.

SQUARISI, Dad. *Deuses e heróis* – mitologia para crianças. Brasília: LGE, 2006.

_____. *Dicas da Dad* – português com humor. 11. ed. São Paulo: Contexto, 2007.

_____. *Mais dicas da Dad* – português com humor. São Paulo: Contexto, 2007.

_____. *Manual de redação e estilo dos Associados.* Brasília: Fundação Assis Chateaubriand, 2007.

SALVADOR, Arlete; SQUARISI, Dad. *Escrever melhor* – guia para passar os textos a limpo. São Paulo: Contexto, 2008.

SOBRE A AUTORA

DAD SQUARISI

Graduada em Letras pela Universidade de Brasília (UnB), tem especialização em Linguística e mestrado em Teoria da Literatura.

Foi professora de Língua Portuguesa e Literatura Brasileira nos ensinos fundamental e médio, na Universidade do Distrito Federal e no Centro Universitário de Brasília (UniCeub). Ministrou as mesmas disciplinas em centros de estudos brasileiros no exterior e no Instituto Rio Branco (MRE).

Foi consultora legislativa do Senado Federal (concursada) na área de redação de discursos.

Ministrou cursos de língua portuguesa e redação profissional em órgãos públicos, empresas privadas e organismos internacionais. Entre eles, Banco Central, Banco Mundial, Organização das Nações Unidas, Ministério das Relações Exteriores, Ministério da Saúde, Senado Federal, Câmara dos Deputados, Xerox do Brasil.

É autora, entre outros, dos livros *1001 dicas de português – manual descomplicado*; *Sete pecados da língua*; *A arte de escrever bem* – guia para jornalistas e profissionais do texto (com Arlete Salvador); *Escrever melhor* – guia para passar os textos a limpo (com Arlete Salvador); *Manual de redação e estilo dos Associados*; *Deuses e heróis* – mitologia para crianças; *Redação para vestibular e concursos* (com Célia Curto); *Curso de português a distância* (vinte fascículos destinados a servidores do Banco Central); e *Manual de redação e estilo para mídias convergentes*.

Colaborou nas revistas *Nova Escola*, *Gênios*, *Exame*, *Alma Mater* e *Veja*. Tem artigos publicados em jornais e revistas – entre elas, *Exame* e *Agitação*.

Assina as colunas "Dicas de português", publicada de norte a sul do país, e "Outras palavras", na revista *Agitação* (CIEE). É editora de Opinião do *Correio Braziliense*, comentarista da TV Brasília e blogueira (*Blog da Dad*, www.correiobraziliense. com.br, com abordagens práticas e divertidas sobre a língua portuguesa).

Dad Squarisi ministra palestras sobre língua portuguesa, redação profissional e textos jornalísticos.

Contato com a autora: dad.squarisi@gmail.com